识干家

企業閱讀　學以致用

快消新产品成功上市

动销 畅销 长销

伯建新◎著

北京燕山出版社
BEIJING YANSHAN PRESS

图书在版编目（CIP）数据

快消新产品成功上市：动销 畅销 长销 / 伯建新著. -- 北京：北京燕山出版社，2022.1

ISBN 978-7-5402-6321-8

Ⅰ. ①快… Ⅱ. ①伯… Ⅲ. ①产品营销 Ⅳ. ①F713.50

中国版本图书馆 CIP 数据核字（2021）第 263403 号

书　　名：快消新产品成功上市：动销　畅销　长销
作　　者：伯建新
责任编辑：满　懿
出版发行：北京燕山出版社
地　　址：北京市丰台区东铁匠营苇子坑 138 号
网　　址：http://www.bjyspress.com
电　　话：（010）65240430
电子邮箱：bjyspress@126.com
印　　刷：河北宝昌佳彩印刷有限公司
经　　销：新华书店
规　　格：170 毫米×240 毫米　16 开本　15.25 印张　198 千字
版　　次：2022 年 2 月第 1 版　　2022 年 2 月第 1 次印刷
定　　价：78.00 元

导读

一、为什么要看这本书

调查显示，中国平均每小时大约有 2 个新产品上市，也有 2 个产品退市。**新产品上市的平均成功率在 20% 以下**。

尼尔森研究表明，在快消品领域，**新产品对于企业增长的贡献率超过 80%**。在新的消费环境下，新产品创新的时间，已经从过去的 18~24 个月缩短到 6 个月甚至更短，**而且 70% 的新产品生命周期仅有 18 个月**。

成也新产品，败也新产品。新产品上市的低成功率和上市后的“短寿”现象，成为很多中小型快消品企业新产品工作难以突破的障碍。

二、这本书写了什么

作为一本定位快消品行业（重点是食品行业）的新产品营销书籍，解决快消品行业新产品上市成功率低和寿命短的痛点是本书的出发点。本书从营销的视觉，结合中小企业实际和社会现状，对新产品定义、新产品开发、新产品命名、新产品包装、新产品定价、新产品招商及新产品上市等常见问题进行了系统的分析，并给出了建议、思路和方法。目的是破解新产品畅销的基因，寻找新产品长销的秘密武器，让新产品在现代市场环境中畅销和长销起来。

三、这本书的亮点是什么

亮点一：新产品宣传方面。本书结合现代互联网时代下的营销环境，根据笔者的实践经验，本着少花钱或者不花钱多办事的原则，对如何在现代市场环境下利用新媒体、新资源做好新产品的宣传工作给出了相应的方法。这是很多关于新产品书籍中没有的内容，是本书的第一个亮点。

亮点二：新产品开发上市方面。通过对中小型快消品企业新产品开发和上市工作中常见问题的梳理，针对新产品开发、包装设计、上市战略和战术的选择存在的误区进行了分析，给出了具体的解决办法，此乃本书的又一大亮点。

四、这本书给谁看

（1）中小型快消品企业的销售经理、市场经理，或者即将成为销售经理或者市场经理的人。本书介绍的关于新产品的新思路和新经验，会对你们以后的工作有极大的指导作用。

（2）中小型快消品企业的经营管理者。本书介绍的新产品成功上市的新思路和问题的解决方案，会让你们有意想不到的收获。

（3）OEM 的品牌商或者创业者。本书将有助于你们在新产品打造上少走弯路，避开误区。

为什么写这本书

快消品行业经过近40年的快速发展，从市场发展初期，供需不匹配的“渠道为王”时代，到市场发展中期，供大于需的“终端为王”和深度分销模式的大放异彩时代，再到市场发展后期竞争无处不在，资源的争夺没有穷尽，竞争的层次在广度、深度上延伸的“现金为王”“品牌建设”的时代，营销工作的重心发生着变化，每个发展时代都镌刻着明显的特征。

随着互联网的兴起、新型消费群体的加入、新媒体的呈现，“产品为王”的时代已经到来，营销工作重回原点、回归本质，谈营销时产品成为一个绕不过去的话题。因为在这个时代无论多先进的商业模式、多高明的营销手段，离开产品都是虚无。围绕产品谈营销，营销为产品服务成为这个时代最基本的特征，打造新产品正在成为很多企业发展的驱动力。

从开始从事快消品营销行业到2021年，眨眼之间已经过了20年。在这20年里，我的职业生涯发生了从快消品一线业务人员到营销高管的变化；在这20年里，工作的不断调整和角色的变化，让我有幸比很多一直工作在市场一线的营销人员有更加丰富的经历。这期间有近3年的时间是在从事企业生产经营管理工作，这段职业生涯让我对企业的生产管理有了全新的认识，能从营销的角度看待企业的生产管理；随后3年多市场总监的职业经历，在和外部咨询公司接触的过程中，我学习到了先进的理念，也掌握了新的知识和市场规划方面的技能，能站在一个更高、更全和旁观的角度来看待市场营销实践中的一些行为。可以说14年营销实践的经历、3年生产管理的实践和3年市场总监的履历给了我宝贵的财富，让我能从不同的角度去看待和解读企业经营管理工作，这不仅丰富了我的人生，还让我开阔了眼界。

在这20年里，出于自身发展的需要，我服务的企业也在发生变化，所有这些过往的企业给了我充分施展能力的平台。我在成就企业的同时也在成就自己，在这些过往的企业中我收获了成功的喜悦，获得了丰富的工作经验；经历了痛苦的煎熬和质疑的声音，收获更多的则是反思……这里有关于企业营销团队建设的思考，有对营销人员职业发展的思考，有对企业发展规划的思考，以及对营销模式建设等方面的思考。其中，对于新产品市场营销的思考，是我思考最多也是最深刻的，因为我从事的主要工作是营销管理和市场规划，很多工作内容都和新产品有关。比如在营销实践工作中，需要谋划如何用新产品推动市场的发展和做好市场销售提升工作；在担任市场总监的工作中需要规划企业应该如何通过推广新产品，通过新产品在市场上的成功来实现企业的发展战略……在这些工作中，我看到也经历了很多企业因为新产品在市场上的问题，致使好的产品死在市场上，导致企业为新产品采购的设备闲置、包材浪费及成千上百万营销费用打水漂的悲剧；感受了因为新产品在营销推广方面的不利而导致新产品折戟沉沙的痛心；见证了因为新产品的成功，一个企业从萎靡不振走向康庄大道的可喜局面；品尝了因为新产品的成功让企业突破困局、超越对手的喜悦。

鉴于以上职业经历，在工作之余，我总是在思考如何把过往的经历和对新产品的思考写出来。一方面分享自己有限的经验、心得和思考，给快消品中小企业在新产品上市营销等方面提供可借鉴的经验，提高新产品上市的成功率；另一方面破解新产品畅销的密码，打破新产品昙花一现的魔咒，让快消品中小企业的新产品不但能在市场上活下来，而且要长销起来。

最后，新产品的打造是一项系统工作，牵扯企业战略、生产、营销及研发的方方面面，本书只是起到“抛砖引玉”的作用，许多内容需要完善，希望能够和广大营销人一起完善。

伯建新

2021 年 8 月 20 日于出差途中

目录

第一章 认知篇

企业持续增长的根本驱动力，是获得消费者的青睐，让消费者掏出真金白银来购买产品或服务。随着市场环境的改变，产品同质化问题越来越严重，消费群体也逐渐升级，变得越来越专业。对于快消品企业而言，在用户新鲜感逐渐褪去前，企业需要寻找属于自己的产品创新方法，这样才能在竞争中占有一席之地；企业需要革新产品营销方法论，重新认识新市场环境的产品内涵，实现营销升级，找到突破瓶颈的动力。

谨以此书：

献给我的家人，因为你们让我一往无前。

献给我工作过的企业，因为有你们的存在才让我在营销上一路精彩。

献给 8000 万营销人，因为你们让营销变得更加丰富和有意义。

第一章
认知篇

第一节 正确定义和认识新产品

广元生物科技有限责任公司作为一家主要生产饮料的食品公司，前几年推出了一款红枣果汁饮料。由于采用了全新低温冷罐装技术，产品上市后，因为产品良好的口感、独特的卖点和合适的价格，很快在华北市场乃至华东市场热销起来。但是，“人无千日好，花无百日红”，再好的产品，风头总会过去。随着市场竞争的加剧及各种类似产品的陆续上市，广元生物科技有限责任公司的红枣果汁饮料销售开始出现疲态，销量出现下滑的态势。因此，关于新产品开发的工作，被公司的高层纳入日程。但是，究竟需要开发一款什么样的产品，在公司内部存在不同的声音。一部分人认为企业的新产品必须在技术上有所提升和突破；一部分人认为新产品只要在现有产品线上进行调整和改进就可以了；一部分人认为新产品不仅要体现技术含量，还需要适应市场的需求；还有人认为……因为各方的意见不统一，决策者难以决策，所以新产品的开发工作被搁置……

广元生物科技有限责任公司在产品销售和新产品开发上碰到的问题，是很多快消品企业都会碰到的问题，要想解决类似的问题，必须从以下几个方面入手。

一、认识新产品对企业发展的意义

快消品企业对于新产品有需求无外乎以下三个方面的原因：

第一，时代的进步，消费的多元化、消费心理需求无边界，新型人类和消费群体的变化，求新成为必然趋势。

第二，技术的进步，产品的迭代，推陈出新成为一种趋势。

第三，竞争的加剧，企业发展的压力，求变、求新、寻求突破和机会成为方向。

对于企业而言，新产品不仅意味着企业有参与和应对市场竞争的能力，还是对自身企业产品线的更新和迭代，更是企业在营销工作上的自我否定和创新。从市场来看，企业新产品的开发和上市是对市场的占有、控制和全新的认识；从消费者的角度来看，新产品的开发和上市可以更好地展现企业的实力，吸引消费者的目光，拉近企业和消费者的距离。

二、走出新产品认识的误区

思路决定出路，观念决定行为。

对新产品的认知和观念的不同会导致不同的结果。很多时候，企业或者企业的决策者对于新产品的认识往往基于传统的技术观念，认为新产品必须是“高大上”的，一般存在两个观点。

第一个观点：新产品必须是自家独有的产品，即人无我有。

第二个观点：新产品必须是在技术上领先的产品，即人有我优。

这两个观点都是基于技术导向的新产品观念，认为新产品一定要基于技术、材料和功能的突破。所谓的新产品一定是运用了新的原理、新的构想设计。采用了新的材料或者具有新的功能、新的用途。它和老产品相比，要么在技术指标、性能、结构等方面有显著的改善，要么是某些技术项目、规格品种填补了国内市场的空白。

这两个观念导致以下几个问题的存在：企业一味地追求所谓技术上的突破，要么是企业无新产品可开发，要么是企业开发不出新产品；要么是企业新产品开发的难度和投入变大，最终的结果是企业难以实现自身的突破而被对手超越，要么是实现自身突破的代价过大、速度过慢。快消品企业要避免这样的问题，对新产品必须有正确的认知。

三、正确定义新产品

现代社会物流体系的不断完善和健全，信息流的边界越来越大，各种信息资源层出不穷，渠道、传播、消费群体、营销模式等我们过去的认知在不断地被刷新和改变，在这个充满活力和变化的市场中，一切所谓的技术都会在短时间内被超越或者模仿，一切所谓的“新”都会被时代快速迭代。面对变化，对于快消品企业和快消品人来讲，开发新产品，利用新产品实现企业的突围，必须对新产品有一个全新的认知和正确的定义，从多维度对新产品进行正确的定义。对于新产品的认识不能仅仅局限于技术、材料和功能方面的限制，而是要扩宽认识角度。

对于新产品的定义，我们可以从企业、市场、技术和市场营销几个维度进行解读。

第一，从企业的角度来看，企业第一次生产销售的产品都叫新产品。

第二，从市场的角度来看，只要是第一次出现的产品都叫新产品。

第三，从技术的角度来看，在产品的原理、结构、功能和形式上发生了改变的产品都叫新产品。

第四，从市场营销的观念来看，新产品不仅包括前面三者的成分，还更注重消费者的感受与认同，是从产品整体性概念的角度来定义的。

因此，新产品的正确定义应该是：凡是产品整体性概念中任何一部分的创新、改进，能给消费者带来某种新的感受、满足和利益的相对新的或绝对新的产品，都叫新产品。

第一，新产品可以是你有我无的东西，也可以是我过去没有现在有的，还可以是我独有其他企业没有的产品。

第二，新产品不一定是新发明的产品，只要改变了消费者认知的产品都是新产品。它与科技开发意义上的新产品的含义不完全相同，这里的“新”是完全相对的，新发明创造的产品毫无疑问是新产品。而对于市场现有产品改进，采用了本企业品牌的也是新产品，在企业的现有产品系列中增加新的品种也可以认为是新产品。

第三，新产品只是对于企业而言，对市场可能并不是新产品，但是这种认识意义上的新产品需要具备以下条件：在原理、结构、性能、材料、工艺等某一方面或某几方面有显著改进、提高或独创，必须能够使消费者的认知发生改变。

小提示：

1. 新产品是企业向市场提供的较原先不同的产品，是对消费者认知的改变。

2. 对于快消品企业而言，新产品不一定是多么“高大上”的东西，不管对手如何，只要过去自己没有的现在有了就是新产品。

3. 新产品不一定都是技术层面的突破，也可以是质量提升、概念再定义、人群再定位、跨界组合、品种延伸、规格变化、内容融合等。

四、掌握新产品的分类

根据新产品的定义、新产品开发难度和方式方法，快消品企业的新产品可以分为以下几大类：

（1）全新型新产品。应用新技术、新工艺和新原料制造的，与现有市场上产品完全不同的产品，并且产品实现了从理论到应用、从实验室到规模化生产。比如保健品领域的番茄红素，因为采用新的萃取技术，使普通食物番茄中的番茄红素被提取，成为一种营养品；经久不衰的椰树椰汁，通过对椰汁加工技术的改进，解决了椰汁不易保存的问题，使椰汁进入千家万户。

（2）升级型新产品。在原有产品的基础上，部分采用新技术、新工艺、新原料和新组合研制的相关产品。如农夫果园的茶 π、娃哈哈的营养快线、元气森林等，采用了全新的组合，从而成为一种流行产品。

（3）改变或改进型新产品。采用各种改进技术，对原来产品的结构、性能、款式、功能、消费人群及包装等做了一定的改变与更新。比如瓶装水中的百岁山，就是对产品包装的瓶形进行改变，从而快速吸引消费者的眼球，最终脱颖而出；乳制品中的特仑苏，则是对产品概念的再定义和消费人群的重新定义，通过包装的调整，实现了自身的差异化。

（4）仿制型新产品。对市场上已经存在而本企业尚未生产过的产品，进行仿制生产或企业通过购买专利技术、成熟的设备自行生产。比如饮料界中功能性饮料战马、黑卡，这些产品都是相关产品上市后，销售非常好，厂商利用自己的品牌进行仿制，投入市场加入竞争行列。

> 小提示：
> 新产品是技术上的突破。
> 新产品是概念上的再定位。

新产品是老酒换新装。
新产品是跨界的衍生。
新产品是内容的组合。
新产品是简化再简化。
新产品是消费人群的再定义。
新产品是需求的满足。
新产品是颠覆。
……

五、了解成功新产品的特点

一个成功的新产品，除企业自身突出一个“新”外，还可以给企业在带来良好的经济效益的同时带来良好的社会效益，提高企业在市场的竞争力和在业界的影响力。因此，一个成功的新产品需要具备以下特点：

（1）吸引性。与老产品相比，新产品一定要为客户带来新的利益。这种利益越多，并真正以满足消费者的需求为出发点，产品就越容易吸引消费者。

（2）继承性。新产品应该与目标消费群体的消费习惯、价值观念接近；在外观上、形式上有一个过程；在结构上，标准件和通用件的比例要大；在生产技术和生产工艺上，要尽可能地与企业的生产条件相结合，以便利用原有的设备和减少生产技术准备工作。

（3）易用性。新产品和老产品相比，新产品应力求良好的使用性能和方便性。

（4）获利性。成功的新产品应能为企业带来良好的经济效益，或对社会发展带来好处。

第二节 新产品开发如何做

疆域食品饮料有限公司的营销总监郑峰（本书的人名均为化名）是一个喜欢独立思考和学习的人，并且善于将学习的东西用于实践。郑峰进入食品饮料行业近15个年头，从初入行业的“小白”，到成长为如今食品饮料行业里的资深人士，先后由业务人员到区域经理、事业部经理乃至营销总监，期间从事过近4年的生产管理工作。丰富的市场一线经验和生产管理经验，让郑峰对饮料行业有着与众不同的深刻理解和认识。在近5年的营销总监的位置上，郑峰通过对企业产品线和产品结构的调整，使企业的产品结构实现了优化，不仅很好地提升了盈利能力，还增强了企业在行业市场的竞争能力。更重要的是，郑峰为调整企业的产品结构先后主持了4款新产品的开发和上市工作，并且都取得了不俗的业绩。新产品的成功上市不仅提升了企业在区域行业中的地位，还使企业的影响力大大提高，成为同行业资深人士眼中的“神话”和“传奇”。对于新产品的开发，郑峰有独到的见解……

对于快消品企业的新产品开发，郑峰认为，新产品开发的组织者除了需要对新产品有正确的认识外，还需要在新产品开发的工作中做好以下几项基础工作。

一、建立产、供、销等部门联合组织机构

建立产、供、销等部门联合组织机构，确定各部门在新产品开发工作中的职责和工作推进时间表。

新产品开发不是一项简单的工作，而是一个系统工程，牵扯多个部门，单纯依靠企业中某一个部门难以实现。要做好此项工作，实现整个系统工作的优化，保证企业内部各个部门的协同，企业在新产品开发工作伊始，就必须建立一个涵盖生产、采购、营销等多部门联合的组织机构。通过这个组织机构实现各个部门在新产品开发上的协同，并根据新产品开发的需要，确定各个部门在产品开发过程中的责权，优化新产品开发过程中的时间节点，通过各部门的协同使新产品的开发工作在最短时间内顺利完成。

根据自身的实践经验，郑峰认为对于新产品开发各部门的职责分工主要从四个系统七个部门进行划分，具体的职责分工详见新产品开发各部门职责分工表（见表 1–1）。而在新产品开发时间控制上，结合新产品开发各部门职责分工表，郑峰利用甘特图来对各个部门在新产品开发上的时间节点进行控制，具体内容详见新产品开发时间推进表（见表 1–2）。

在具体的运用中，郑峰认为要让新产品的开发工作有序高效地开展，新产品开发的组织者首先要把任务和责任落实到具体的人身上；其次要在新产品开发推进过程中落实监督、检查和跟踪工作。

表 1-1　新产品开发各部门职责分工表

系统	部门	职责	责任人
生产	研发部	1. 负责新产品技术工艺的确定 2. 负责新产品配方、配料的确定 3. 负责新产品小样的制作	
	生产部	1. 负责新产品生产原料、包材的质量检验和实验等工作 2. 负责新产品的试生产 3. 负责新产品按时按需地生产和质量保证工作	
采购	供应部	负责新产品研发，以及生产所需原料的询价、比价和采购工作	
营销	市场部	1. 负责新产品的创意、筛选和市场调研工作 2. 负责新产品卖点提炼、宣传文案，以及媒体选择和宣传、推广方案制定和考核工作 3. 协同财务部落实产品价格的制定工作	
	设计部	负责新产品的包装设计，以及宣传设计的输出和呈现工作	
销售	销售部	1. 新产品渠道选择和产品推广方案的落地执行 2. 新产品推广期间营销人员的考核工作 3. 新产品价格体系的维护工作	
财务	财务部	产品生产成本的提供，以及产品价格的确定	

表 1-2　新产品开发时间推进表

序号	工作内容	时间											部门	责任人
		月日	月日	月日	月日	……	……	……	月日	月日	月日	月日		
1	市场调研												市场部 销售部	
2	产品概念提炼												市场部	
3	市场评估												市场部 销售部	
4	产品包装设计												市场部	
5	产品研发												研发部	

续表

序号	工作内容	时间											部门	责任人
		月 日	月 日	月 日	月 日	……	……	……	月 日	月 日	月 日	月 日		
6	产品测试（口感/性能等）												市场部 销售部	
7	产品概念确定												市场部	
8	产品名称确定												市场部 销售部	
9	产品试生产												生产部	
10	产品上市生产												生产部	
11	产品价格确定												财务部 市场部 销售部	
12	产品上市策划												市场部	
13	产品上市												销售部	
14	上市效果评估												市场部	

二、掌控企业新产品开发的方向

选择比努力重要，在错误的方向上越努力，只会越错，新产品开发同样如此。只有方向正确，才有可能开发出适销对路的产品。如何掌控企业新产品开发的方向，郑峰认为可以从以下几个方面进行。

1. 放眼宏观，看清行业大势，了解行业的全貌和本质

开发一个新产品，需要对新产品所处的行业有本质和正确的认

识。“不谋万世者，不足谋一时；不谋全局者，不足谋一域”，新产品的开发要想取得成功，市场开发的管理者必须从大局着眼，从宏观的角度看待问题，站在行业的角度进行思考，需要做到以下三点：

（1）看政府的监管和国家政策导向。如果政府监管严厉，国家政策限制，行业不景气，产品就不适合上市。

（2）看行业自身的发展趋势。主要是了解行业的发展前景、产业发展趋势、行业发展速度、行业成熟度和行业的集中度等。如果你准备策划上市的产品是一个已经过气的产品类别，那么新产品成功的可能性就会很小；如果你准备策划上市的产品不符合行业发展趋势，那么新产品成功的可能性几乎没有，如现在再去炒作益生菌类的产品、无糖概念的产品，因为这类产品对消费者已经过度教育，市场饱和，行业集中度高，自身发展的机会比较小，所以新产品成功的难度就会很大。

（3）看行业厂家数量和市场规模大小。主要是了解整个行业的市场规模、企业数量。一般而言，市场规模的大小意味着企业可发展机会的大小。一个市场规模小的行业，企业数量有限，虽然竞争力度不大，但是市场容量有限，新产品再好，整个市场的销量也有限，新产品成功的机会就小。因此，快消品企业在开发新产品时不要剑走偏锋，一味琢磨所谓的“新奇特”“高大上”，要盯着市场容量，只有大市场容量的新产品成功机会才大。

如何了解行业大势，抓住行业的全貌和本质？郑峰给出了具体的方法：

第一，解读国家产业发展政策。

第二，研究和学习行业内部刊物。

第三，购买行业调研和咨询机构的数据及行业发展趋势分析报告。

第四，查询行业内上市企业的财务报告。

第五，多看电商等大数据公司的分析数据。

2. 着眼中观，了解新产品的市场特点、竞争态势，找出竞争者

在快消品领域，由于行业竞争壁垒小，产品同质化程度高，面对激烈竞争的市场，任何企业的新产品都有模仿和竞争的可能，也会面临竞争对手的打压和对新产品的扼杀。因此，在开发新产品之前，需要对市场特点、竞争态势和竞争对手进行充分的了解，从市场的角度验证新产品开发的必要性。

（1）了解市场特点。主要是了解新产品的市场特点和产品的市场周期；新产品在市场中是处于导入期还是成长期；掌握市场的发展规律，知道市场的发展规律是有序可循还是杂乱无章；消费群体主要集中在哪一类人群，找到新产品的目标消费群体；行业的客户分类如何；找到新产品的消费渠道；了解行业的消费模式；找到新产品消费者的消费场景，给新产品的消费者画像……

（2）了解竞争态势。主要是了解新产品在市场竞争中处于什么样的竞争阶段，是价格竞争阶段还是价值竞争阶段，是品质竞争阶段还是品牌竞争阶段。不同的竞争阶段，企业对新产品开发上市的要求有所不同。如果处于价格竞争阶段，新产品就需要有价格优势；如果处于价值竞争阶段，新产品开发上市后就需要关注品牌和概念的塑造；如果处于品质竞争阶段，新产品开发则需要强调品质和性价比的优势，有针对性地做好新产品开发的准备工作。

（3）了解竞争对手。主要是了解行业的标杆客户是谁、谁是我们的竞争对手、竞争对手的生产和加工水平如何、竞争对手的营销能力（营销队伍、市场管理能力）如何、竞争者的渠道建设情况如何，其目的是从竞争对手那里判断新产品是否具备竞争力。

3. 面对自己，认真审视和了解企业，找出优势和不足，扬长避短

“知己知彼，方能百战不殆。”对自身的真正认识是所有企业进行新产品开发的基础工作之一，因为只有了解自身的实际情况，才

能找到自己的长处，发挥自身优势，弥补自己的短板。但是，在现实中了解和分析竞争对手很容易，审视企业自身，认识和了解自己往往不容易。正因为如此，新产品的开发者需要从以下几个方面审视和了解自身：

（1）对企业进行必要的SWTO分析。主要是指对企业内部能力和企业外部环境进行全方位的分析，即通过对企业能力的分析，找到企业在资金、设备、技术、人力、原料、包装、营销等方面的优劣势；通过对企业外部环境的分析找出对自己有利的、值得发扬的因素，以及对自己不利的、要避开的东西，发现存在的问题，找出解决办法，明确发展方向。

（2）看清楚自己的资源和实力。每个企业的资源和实力都不一样，有的有资本实力、有的有策划优势、有的有渠道网络、有的有区域市场实操经验。看清楚自己的资源和实力很重要，因为有多少钱才能办多大的事，钱多有钱多的做法，钱少有钱少的做法。资源和实力是判断企业新产品如何选择合适渠道的重要手段，也是企业运作新产品选择方式的思考点，企业需要做的是实事求是和量力而行。企业在资源上有KA渠道资源，采用分销的方式无疑会事半功倍；做市场的，选择招商就有风险；做招商的，强行抢占市场风险大；企业的实力有限，只能做局部的区域市场，盲目求大，去做所谓的全国市场就会吃亏。

（3）看新产品开发和企业自身状况的匹配度。新产品开发对于任何一个企业来讲，虽然意味着机会和收益，但也意味着风险和大量资金的投入。因此，在新产品开发上，新产品开发的负责人要充分考虑新产品开发与企业现有设备、技术、资金、营销能力等方面的匹配度，尽可能控制企业在新产品开发上的投入，不能为了开发产品而开发产品，置企业的实际情况于不顾，造成投入过大，风险提升。

三、找到新产品开发的方向

成功没有捷径，但是一定有方法。结合自己的工作实践，郑峰对快消品新产品的开发总结出以下八个方向。

1. 方向一：系列产品开发

系列产品是为了简化产品品种、规格，满足各种客户需求而开发的新产品。开发系列产品的原则：一是为了满足客户需要，围绕某种使用或者消费的目的来进行开发；二是形成完整的产品整体系列、填补市场空白，使产品品相全面化。开发系列产品主要有以下方法：

第一，按照规格、大小进行产品的系列开发。

随着产品的推广、消费群体的不断增加，只生产一种规格或者少数规格的产品，已经不能满足消费群体多样化的需求，需要通过逐步开发各种规格的产品使之系列化，以满足消费群体的需要，如市场上很多饮料产品采取多规格或者多容量。

第二，根据原材料的不同特性开发系列产品。

每一种材料都具有多种特性，利用这些材料在某一方面的特性（优越性）同样可以开发出不同系列的产品。如在食品饮料行业中，在已有或已成形的产品基础上，通过对产品口味进行延伸，满足不同人群的消费需求，同时利用口味的延伸，促成新产品的产生，如饮料系列产品——甜橙味、桃味、双果味等产品的开发。

第三，根据不同的用途开发系列产品。

每一种产品都是为了满足消费群体的需要而生产出来的，但是用户需要是变化的和多样性的，这就需要按照用户的不同需要和要求开发出更具有针对性的产品，如专用渠道定制的产品（团购渠道、特通渠道的专售产品）。

第四，利用不同的材料开发同一功能、用途的产品。

快消品企业根据市场需要，利用不同的材料，通过对产品内容物进行有效的组合催生新产品，这也是新产品开发的一个有效路径。如乳品行业中生产企业通过在酸奶中加入不同内容物（如果酱、果粒、果块等），开发出草莓果酱酸奶、橘子酸奶、芦荟酸奶等，同时通过对这些不同内容物相互组合进行产品线的拓展，从而开发出复合口味的产品，如伊利的蓝莓加桑葚酸奶、蒙牛的芦荟加猕猴桃酸奶。

2. 方向二：方便用品开发

方便用品开发是从消费者的角度出发，力求在消费者使用时省时、省力、不费心，还要便于携带和储存，如方便面、速溶咖啡等。一般来讲，主要通过自动化、定时化、轻便化、微型化、方便化、省力化等途径实现。

3. 方向三：专用产品开发

随着市场竞争的日益加剧，产品的市场细分化已经成为不可阻挡的趋势，现代产品正面临着一个由大众化走向分众化的转变。企业为了适应这种发展趋势必须开始从生产大众产品转向生产专用产品，这样才能对企业资源进行有效聚焦，获取竞争优势。一般来讲，主要可以通过以下途径实现。

按照不同的用途实行专用产品开发，如针对学生考试生产的专用答题铅笔。

按照不同的消费群体或者消费对象（目标客户）的特殊需要，对产品进行设计，实行专业化生产，如儿童饮料、女性皮包、脱脂牛奶、无糖食品等。

针对乳糖不耐症而开发的低乳糖牛奶，都是在针对人群定位的基础上达到新产品开发的目的。

按照使用地点不同实行专用化，如运动饮料等。

按照产品的特定使用范围实行专业化，如不同的礼品。

4. 方向四：技术复合型新产品

利用一种新技术可以开发一种新产品，将两种技术或多种技术复合也可以开发一种新产品，如功能性饮料、功能性酸奶及具有杀菌功能的纸巾等。

5. 方向五：新型材料新产品

用新的材料替代原来的材料，或者采用新的生产工艺，或者用新型材料生产的产品，如用PET包装材料代替玻璃包装材料、用冷灌技术代替热灌技术、用新型材料生产新产品等方式，从而实现产品的升级和差异化，开辟产品的蓝海市场，有效避免竞争。

6. 方向六：功能的挖掘

新产品的新功能可以是从老产品中，或者其他产品的功能中挖掘出来，实现产品的功能提升，促成新产品开发的实现，实现产品的差异化和品项的增加，也避开了产品的同质化竞争。

7. 方向七：概念升级

通过对产品工艺、原料、产品特性进行充分挖掘，找出产品与竞品的独特点，赋予产品一个好概念，从而让原产品凸显新的个性，实现产品对消费者利益点新的价值体现。如蒙牛乳业的早餐奶、晚上好奶，实现对消费时间和目的的概念传播；娃哈哈的营养快线对产品果汁加牛奶十五种维生素的概念提炼等；六个核桃对产品营养和补脑概念的定位就是通过对产品概念提升来达到新产品开发的目的。

8. 方向八：模仿开发法

通过模仿同类新产品或者不同类的产品进行产品开发，如瓶装水的模仿、常温酸奶的模仿、维生素水的模仿等。

小提示：模仿并不可怕也不可耻，关键是模仿者要学会超越。

第三节 给新产品一个合适的价格

百事顺饮料食品有限公司的营销老总李胜利，是一位从销售一线成长起来的营销人。他不仅有着丰富的市场销售实践经验，还有着扎实的营销理论功底，对营销工作有着不一般的热爱，也有着不同的理解和认知，是一位踏实的营销实践和理论的实践者。由其主持开发的新产品百事顺草莓果味饮料，在经过前期认真的市场调研和论证后，产品的研发等工作非常顺利，现在已经进入新产品上市的倒计时阶段。对于企业研发的这款新产品，李胜利有着非常高的期待，希望新产品上市后能够给企业和自己的营销团队带来不一样的表现。

但是，产品上市前，由于市场部和销售部两个部门对产品的市场定价存在不同意见，新产品上市工作被暂时耽搁。市场部认为产品的定价应该是出厂价 16 元、批发价 18 元、零售价 22 元，理由是新产品口感好、包装精美，应该走高价位的路线；而销售部认为产品的定价应该是出厂价 12 元、批发价 14 元、零售价 18 元，理由是产品价格低、有竞争优势，可以销售更多。两个部门的理由都十分充分，谁都无法说服谁，最终，新产品的定价问题推到了李胜利这里。

面对市场部和销售部提交上来的方案，李胜利向财务了解新产品的成本后，便开始着手对新产品定价确定工作。在前期新产品开发市场调研的基础上，李胜利就企业的新产品和相关竞品进行了对比，并结合企业开发新产品的定位及整个行业的发展趋势，结合自己多年沉淀的经验和知识积累，经过3天的时间，最终拍板将新产品的价格确定为出厂价14元、批发价16元、零售价20元，并要求市场部和销售部围绕这个价格体系开展新产品上市的相关工作。

上市后，经过短短3个月的时间，新产品百事顺草莓果味饮料在经历了铺市、宣传和一系列的推广后，因为价格合适、产品质量稳定和口感好，产品销量如芝麻开花节节高，不仅提升了企业整体的市场竞争力，还为企业创造了可观的利润……

对于新产品百事顺草莓果味饮料的成功上市，李胜利认为成功的因素有很多，但是正确合理的定价是一个不容忽视的环节，也是最重要的一项工作。对于如何给新产品定价，李胜利是这样理解的……

李胜利认为，当一个企业开发完成一个产品，在确定产品名、包装设计、产品规格，以及产品研发和产品试生产后，新产品上市工作就进入了关键阶段，如何给新产品一个合适的价格，就成为企业的重要工作。所谓定价定江山，就是因为新产品的价格确定，不仅意味着消费群体和销售渠道的确定，也意味着企业销量与利润的来源。产品的价格不仅关系到一个产品能否生存（成功），还关系到企业未来的发展，给新产品定一个合适的价格，新产品开发的负责人必须进行多方验证和充分的考虑。

一、明确新产品定价目标

由于企业的发展目标和企业战略不同，所以企业对新产品的要求有所不同，开发新产品的方向也不同，对新产品在企业产品线中应承担的角色要求也不同。这些不同意味着新产品定价也要有所不同。在对新产品定价时，新产品的负责人必须根据新产品开发的实际情况，明确新产品的定价目标，也只有目标明确，新产品定价才能更精准。

二、确定新产品定价的基本策略

新产品定价的基本策略主要有三种：撇脂定价策略，即高利润定价策略；渗透定价策略，即阻挡跟进低价策略；满意定价策略，即中档价格策略。在快消品行业，由于行业壁垒小、产品同质化程度高，各企业产品成本相差有限，采取不同的定价策略，意味着新产品消费人群的数量和人群的定位有所不同。

三、掌握新产品定价的方法

新产品定价的方法有三种，即成本导向定价法、需求导向定价法、竞争导向定价法。

成本导向定价法，是指以产品成本为基础，加上目标利润，确定产品价格。这种方法是企业最普遍、最常用的定价方法之一。主要有完全成本定价法、变动成本定价法和盈亏平衡点定价法。该定价方法主要以企业内部因素为主，易忽视价格竞争和顾客需求。

需求导向定价法，是以市场对产品的需求作为定价基础，考虑供求、成本等因素，确定产品价格。主要有需求心理定价法、需求差别定价法、市场可销价格测定法和销价倒退定价法。该定价方法重点考虑市场的需求因素，围绕市场需求进行价格制定，易忽视企业的实际发展情况。

竞争导向定价法，是针对竞争对手同类产品的价格，结合企业自身的发展需求进行产品定价的一种方法。主要有随行就市定价法、竞争投标定价法。该定价法主要针对竞争对手进行企业产品价格的确定，易忽视企业的生产成本。

四、充分考虑和分析新产品定价的八大必要因素

明确新产品的定价目标、确定产品的定价策略后，不论采取哪种定价方法，在对新产品定价时还需要充分考虑以下几个因素。

1. 产品的定性问题

主要考虑的核心问题是，该新产品在企业现有的产品群中承担什么角色，是走量产品还是利润产品，是形象产品还是补缺产品。

如果是走量产品，因为要承担销量和提高市场占有率，就不宜价格过高，可采取成本定价法或随行就市定价法；如果是利润产品，因产品是企业利润的来源，定价相应要高，可采取撇脂定价法或者利润成本定价法；如果是形象产品，为提升企业的品牌形象，定价相应也高，可采取撇脂定价法；如果只是一个补缺产品，承担企业丰富品项的使命，则可考虑市场规模的大小，采取不同的定价方法；如果几者结合，则要综合考虑孰轻孰重、哪个主哪个次来定价。

2. 目标消费群体的定位

主要考虑新产品是哪个人群使用，是儿童、成年人、老人、男士还是女性消费；是家庭消费、团体消费、普通消费还是豪华型消费。一般而言，用于儿童、女性、团体消费或豪华型消费的产品价格都高。企业开发的是此类新产品，往往多采用高价位，反之则会采取其他的定价方式。

3. 产品销售渠道的选择

销售渠道的特性决定产品的价格。不同的产品需要选择不同的终端，从而才能和消费者见面。也就是说，每一个产品都要经过不同的销售渠道，才能到达消费者手中。产品销售渠道的不同意味着新产品在渠道上的投入费用和产品定位不同，从而导致产品的价格

也有所不同。因此，企业对一个新产品的渠道选择也决定了产品价格的高低。如果新产品选择KA渠道或者便利连锁渠道，则产品价格就高；如果新产品选择传统零售渠道或者其他销售网络渠道，则产品价格就低。

4. 新产品的策略问题

主要考虑企业新产品策略是战术性还是战略性，策略不同也直接影响新产品的价格制定。如果该新产品只是一个战术性产品，企业只追求一时的利润或销量，新产品的价格制定就会采取低价策略，或者采取“先高后低或高开低走”的销售策略；如果新产品作为战略性产品，企业在产品价格上就要进行充分的设计，充分考虑多种因素来确定新产品应该采取哪种定价方式和方法。

5. 新产品的特性问题

主要考虑新产品独特性强弱问题。新产品是独创型、跟风型还是替代型，决定了新产品的定价方式有所不同。如果是独创型产品，如表现在产品包装、产品功能、产品概念上的独创可采取高价位，可采用撇脂定价（高价定价）策略和成本定价法；如果是替代型或跟风型产品，就需要根据企业目标来灵活定价。一般而言，这两种类型的产品主要采取低价位，主要是渗透定价（低价定价）策略、需求导向定价法或竞争导向定价法。

6. 新产品的价格需求弹性问题

不同行业的不同产品，其价格需求弹性差异不同，其产品定价方向也不同。一般而言，对于价格需求弹性大的新产品会走低价，因为价格因素对产品销量的影响大，定价时重点考虑产品的销量；对于价格需求弹性小的新产品则会走高价，毕竟价格对销售的影响不大，能多赚一分是一分，定价时重点考虑的是利润。

7. 行业发展的市场环境和市场发展的周期问题

首先，不同的市场环境对新产品的销售有不同的影响，对新产品的价格也有不一样的要求。因此，在对新产品进行定价时，需要从竞争者状况、整体消费水平、消费习性、市场规模和容量、市场发展趋势等市场因素进行综合分析，以此来确定新产品的定价策略和定价方法，最终完成对新产品的定价。一般而言，如果新产品的市场规模大、市场发展趋势好、整体消费水平高、市场竞争者少，在给新产品定价时会采取高位定价策略，使用需求导向或者竞争导向定价法；如果新产品的市场规模大、市场发展趋势好、整体消费水平高，但是竞争者多，在给新产品定价时就需要采取低价定价策略，使用竞争导向定价法。总之，市场的环境不同，定价的策略和方法就有所不同。

其次，一个新产品产生时，行业的生命周期不同，企业对新产品定价也会不同。对于处于成熟期的行业来说，因为市场竞争激烈、相关竞品的价格透明度高，对新产品采取随行就市定价法是主要选择；对于处于行业成长期、发展期的新产品来说，因为市场成长空间大、竞争不充分，价格透明度低，必然采取高价位定价策略；处于行业衰退期，各种可能都会存在，企业需要根据实际情况进行调整。

8. 企业的实际状况

企业规模有大有小、财务状况有好有坏、经销指标不同，企业价值取向也不一样，对新产品的定价目标也不一样。对于追求利润型企业而言，高价格是企业的定价方向；而对于追求市场份额的企业来讲，中低价格定位是企业的定价方向；如果企业有资金实力，营销费用充足，对新产品定价可采取的方式和方法就比较灵活；如果企业规模小、没有资金实力，则企业对新产品定价往往采取低价定价策略。因此，在对新产品定价时还需要新产品开发负责人正视自身的情况，采取适合自己的定价策略和方法。一般而言，对企业自身状况进行评估，主要考虑 6 个综合因素：企业的品牌影响力、企业的行业地位、企业的营销能力、企业销售渠道的覆盖面、企业的产品研发能力和企业的生产规模等。

另外，企业新产品的定价牵涉各个方面。任何一个新产品都是一个企业的新起点，也是企业的新希望，给予新产品一个合适的价格是每个企业追求的目标。虽然做到合适很难，但是着眼于细节因素的综合分析，至少可在新产品定价时多一些希望少一些遗憾。

小提示：定价定江山，好产品需要一个好价格。

第四节　新产品包装设计如何做

“好马配好鞍，好产品需要好包装。”这是K市阳光果汇食品有限责任公司销售经理马凯常挂在嘴边的一句话。作为一名从销售一线成长起来的营销管理人员，马凯非常清楚产品包装在销售实践中的促进作用。因公司需要开发新产品“泰芒了”，有着一线销售经验和思维活跃的马凯被公司任命为新产品开发负责人。面对公司新的工作安排，马凯欣然接受，但是也有几分顾虑。虽然马凯过去也参与了不少企业新产品开发的工作，但是当时的他只是一个参与者，负责的也是熟悉的营销部分。此次，是马凯第一次全盘接受此项工作，他知道在新产品开发工作中自己还有许多功课要补。然而，作为一个不认输、不服输且有着一股冲劲和个性的营销人，马凯暗下决心要不负众望，努力做好此次新产品“泰芒了”的上市工作……

随着新产品“泰芒了”果汁饮料产品上市前期工作和项目的确

定，新产品包装设计工作也按照新产品开发的时间推进表的要求纳入工作日常。然而，只有丰富的销售经验而缺乏产品包装设计经验的马凯，对如何设计好新产品的包装工作没有任何思绪，究竟该如何做好此次新产品的包装设计工作呢？公司市场部经理陈峰，作为一个有着10年平面设计工作经验的“专家”，曾经主持设计过一系列的产品包装，对产品包装设计有着很深的造诣和独特的理解，对如何做好新产品的包装设计工作谈了自己的意见……

一、树立包装设计为包装目的服务的理念

产品包装作为实现商品价值和使用价值的手段，在生产、流通和销售等环节起着极其重要的作用。产品包装的目的是传达产品信息、促进销售、保护产品、方便使用和方便运输，因此任何一款产品的包装设计都必须为产品服务，满足产品包装的上述目的。而围绕产品包装的目的，要从以下三个方面做好产品包装设计工作。

1. 文字输出要全面，排版设计要有美感

文字是传达包装设计必不可少的要素，好的包装设计都十分注意文字设计，把字体设计作为设计的一部分来统筹考虑。因此，在设计产品时，要围绕传达产品信息做好文字输出和版面设计等要素工作，清晰、准确、完整地传达产品的详细信息。一方面体现产品设计版面的美感；另一方面能够让消费者从包装上尽可能地获取他们想要的信息。具体而言，产品文字内容的输出、版面的设计，主要包括以下内容：

①基本文字。主要包括产品的品牌名、产品名、生产企业名称、生产地址。在设计时，一般安排在包装的主要展示面上，生产企业名称也可以编排在侧面或背面。品牌名字一般做规范化处理，有助

于树立产品形象。对产品名文字可以加以装饰。

②资料文字。主要包括产品成分、容量、型号、规格、产品营养成分表等。在设计时，编排部位多在包装的侧面、背面，也可以安排在正面，要采用印刷字体。

③说明文字。主要包括产品用途、用法、保养方法、保质期、注意事项等。在设计时，文字内容要简明扼要，应采用印刷字体，一般不编排在包装的正面。

④广告文字。主要是关于产品宣传内容物特点的推销性文字，内容应做到诚实、简洁、生动，切忌欺骗与啰唆，以及其编排部位多变，需要说明的是广告文字，并非必要文字。

⑤其他相关法律法规要求必须标注的文字。

2. 视觉效果要醒目，色彩要切合产品

围绕销售促进方面，做好包装平面图案的设计、包装形式的选择及色彩的运用，准确反映包装中的产品内容，增强视觉效果，从视觉上完成和消费者的沟通，让用户一眼看去就能对产品产生深刻的印象，继而带动销售。主要是做好以下几个方面的工作：

①色彩的运用。色彩的运用对于产品外包装设计有很重要的意义。色彩运用得好，产品会很快脱颖而出。在色彩的运用上，外在的包装色彩要能够揭示或者映照内在的包装物品，使人一看外包装就能够基本上感知或者联想到内在为何物，从而对产品的销售发挥积极的促销作用。

②包装形式的选择。主要是把握产品的卖点及产品的性质等信息，选择适合产品定位的包装。

③平面图案的设计。主要是产品的商标展现、产品的图案和线条等运用，要一目了然、简洁明确。

3. 包装形式要相符，包装材料要适合

围绕产品存储、防护、方便使用和运输等环节，从产品本身性

能入手，做好产品内外包装形式的选择和包装材料的选择，主要从以下三个方面开展前期的相关工作：

（1）对产品本身的性能进行充分了解，确定产品包装的方式和材料。

产品本身的性能主要包括外形、物态、强度、结构、重量、价值、危险性等内容，这是首先考虑的问题。

①产品外形。包装要根据产品外形特点进行设计，要求包装体积小、固定良好、存放稳定且符合标准化要求。

②产品物态。主要有固态、液态、气态、混合态等，不同的物态，其包装容器也不同。

③产品强度。对于强度低、易受损伤的产品，要充分考虑包装的防护性能，在包装外面应有明显的标记。

④产品结构。不同的产品往往结构不同，有的不耐压，有的怕冲击等。只有对产品结构充分了解，才能为不同的产品选择合适的包装。

⑤产品重量。对于重量大的产品，要特别注意包装的强度，确保在流通中不受损坏。

⑥产品价值。不同产品的价值差异很大，对价值高者应重点考虑。

⑦产品危险性。对易燃、易爆、有毒等危险性产品，要确保安全，在包装外面应有注意事项和特定标记。

（2）根据产品性能和流通条件对包装方式、材料、工艺进行确定。

包装方式的选择对产品保护甚为重要，只有对产品性能及流通条件做全面了解，才能找到合适的包装方式。一般而言，产品外包装方式体现在以下两个方面：

①选择包装方法。根据对产品保护强度的要求，选用方便、便于机械装卸及运输的包装工艺和包装方法。

②选择包装材料。根据产品的性能选择与之相适应的包装材料来制作包装容器，同时选择合适的附属包装材料来包装产品。

（3）根据企业外部环境等因素选择产品的包装方式和包装材料。

企业产品在流通环节受外部因素的制约，对产品在包装方面也有不同的要求，一般而言主要考虑以下因素。

①运输条件。产品在运输过程中，会受冲击、振动等，且不同的运输工具对包装的影响也不同，主要应考虑产品的固定与缓冲。

②装卸条件。应考虑是人工装卸还是机械装卸，以及装卸次数等。

③储运条件。储存多用堆码，包装设计时应考察包材的耐压强度。

④储存环境。根据室内储存和室外储存的环境（室内要注意防潮、防霉、防水等；室外要注意防雨雪、防阳光、防风等），包装设计时应注重包装材料、方式的选择。

⑤气象条件。主要考虑阳光、温度、湿度、雨雪等不同气象条件，做好包装形式和包装细节方面的调整。

小提示：任何产品的包装设计都要服务于产品本身。

二、明确新产品包装设计的原则

产品包装设计除了要考虑以上要素外，还要做好新产品的包装设计工作，需要坚持以下原则：

1. 适用性或实用性原则

首先，产品包装的根本目的是安置产品，因此产品包装设计一定要考虑产品的外观、特性、材质等因素。如果包装起不到对产品的保护作用，那么再具有吸引力的外观也是徒劳的。产品包装还要考虑仓储问题，因此，在设计时对形状、大小、材质等因素都要考虑周详，增强产品包装的适用性。其次，包装能够吸引用户，让包装的外观深入人心，给用户带来好感。

2. 产品销售功能优先原则

在市场中，所有的产品包装不论出于何种目的，促进产品销售是第一要素。好的包装对产品的销售起着“无声推销员”的作用，包装的销售功能促进从经济、实用等方面考虑包装；要通过设计品的附加值，满足人们物质及精神方面的需要。

3. 辨识度高于时尚性原则

在产品包装设计时不要过分强调时尚性，一味追求高大上、新奇特及刺激甚至怪异，要注重包装设计与同类产品的差异化和辨识度。只有高辨识度的产品包装设计，才有明显的特点，才容易让用户产生记忆，给用户留下深刻的印象。

小提示：成功的包装一定要醒目。

4. 产品价值和包装成本匹配原则

产品包装设计体现的视觉感、带来的价值感要和产品的价格相匹配，要体现出好马配好鞍和一分价钱一分货的匹配性。一般而言，成功的包装体现的视觉价值感不能低于产品的销售价值。

5. 时代性和与时俱进原则

每个时代都有其特征，如我们的生活环境、生活方式、观念、审美观，当然也包括包装设计。不同时代的产品包装都有各自时代的设计烙印，产品包装设计不能与时代脱节，给人过时落后的感觉。一个好的产品包装设计首先要体现出时代性，符合当下的审美和流行趋势；其次要随着时间的推移完成自身在包装上的与时俱进和升级换代。

6. 原创性和地域性结合原则

产品包装设计贵在具有原创的理念与造型，优秀的原创包装设计能够表达出产品的设计理念，与同类竞品有明显区别，能给消费者留下独特的印象。与此同时，产品会受到地域因素的影响，它可能具体映射到当地的历史背景或文化根源，抑或是市场的范围和对象等。因此，产品包装设计有些时候需要做到原创性与地域元素相结合，使包装更有特色和区别性更强。

7. 合法性和合规性原则

产品包装作为产品的一个组成部分，其包装设计上的相关内容和产品的内在内容物一样，也有“质量”标准的要求。好的产品包装在达到促进销售目的的同时还需要合法和合规，即满足GB7718-2011《预包装食品标签通则》《中华人民共和国广告法》《中华人民共和国知识产权法》和GB28050-2011《预包装食品营养标签通则》等相关管理要求，做到产品名称符合规定、标识标签标注达到标准、图案文字不侵权、文案内容不违法，否则再好看的包装也无法上市销售。

小提示：好的包装设计一定要有原创性和高辨识度；好的包装设计一定是合法合规的。

三、新产品包装设计要从多方位、多角度着眼

“美”不是衡量优秀包装的唯一标准，材料的高档与否也不能决定设计的品位。一款好的包装设计不仅要美化商品，还能在第一时间吸引消费者的眼球，引起消费者内心的冲动；一款成功的产品包装，不仅能提升产品的档次，还能让产品获得更高的消费者捕获率和购买率。那么，一款新产品的包装设计，要如何设计才能出彩，在进入市场后俘获更多的消费者，实现新产品上市后的大卖呢？这

需要在产品包装设计时多方位、多角度着眼，从以下几个方面开展。

1. 立足产品

一个好的产品包装设计除了能够实现包装的基本目的外，还能体现产品内容，突出品牌理念、产品特性及产品定位，如包装的设计风格和产品的调性相切合，赋予产品独特价值主张（USP），传递给消费者新产品的特性。因此，从产品的角度看，在产品包装设计时需要结合产品的品牌、品牌定位、消费人群定位、产品的价格及产品的品类来进行包装设计，对新产品销售卖点进行提炼，并在此基础上丰富与同业竞品有所区别的优势。

小提示：成功的包装一定要符合产品的定位。

2. 着眼企业

主要根据企业现有的产品线情况，结合新产品在企业整条产品线上承担的角色，在设计上考虑新产品的包装设计是否需要在包装风格、规格和视觉表达上保持延续性，需要做的工作是结合企业原有产品对产品的 logo，以及产品设计、包装风格进行统一。

3. 满足视觉

优质的产品，用低劣的包装也不可能达到预期的市场效果。一个好的包装从视觉的角度上要体现“美”感，体现在包装设计上就是色彩与产品相切合，具有档次感、辨识度和特色性（个性），需要做的工作是色彩、包装形式、规格和材料的确定。

4. 放眼市场

判定一个好的产品包装设计，其接受检验的场所是市场，最终的评判人是消费者。因此，在进行包装设计时要依据目标消费群来规划产品包装设计的内容，需要做的工作是确定假定的目标对象，主动思考这些假定的核心消费群。在不同的阶段、不同的地点，不同年龄、不同层次的消费人群具有不同的价值观与审美情趣。通过对其进行全方位的提问、回答式构想，从满足消费者对产品内心的真实需求、产品包装的性价比、使用过程中的便利性及产品包装输出内容与消费者的双向沟通性等角度出发，做出有针对性的包装，这样才会诞生好的包装设计。

小提示：只有市场才是产品包装设计的试金石。

四、其他

产品包装设计是一项系统工程，涉及材料、平面设计、印刷及工业设计等方面。产品包装像一个“无声的推销员”，好的包装可以让产品很快在众多的竞争者中脱颖而出，缩短产品进入市场的时间，也可以减少企业在产品推广上的支出，从而达到促进产品销售、吸引消费者复购的目的。要做好新产品的包装设计，还要在上述工作的基础上学会对包装设计进行创新，从不同的角度进行设计，才能在相同的包装设计中占上风，才能吸引消费者的视线，并使他们产生浓厚的兴趣，从而战胜竞争对手。

1. 包装材料选择的创新

在对新产品包装设计时，需要考虑选用新的包装材料。如乳品行业中伊利、蒙牛产品的包装从百利包到利乐枕、利乐砖、利乐钻的替换，以及现在乳品行业中杯装酸奶产品由纸杯包装材料到注塑内膜贴包装材料的创新，都为企业新产品的推出成功助力。

2. 产品包装形态的创新

新产品的包装设计在注重外包装设计的同时，还需要注重产品工业设计，如产品模具上的创新。比较有代表性的包装有王老吉凉茶的铝罐包装、达能的脉动饮料、白酒行业的“梦之蓝”及百岁山的矿泉水，这些产品的成功很大程度上得益于企业在包装工业模具设计上的创新。

3. 产品包装设计文案的创新

通过设计创新把一些很扎心的文案和一些有调性的文案放在包装上，引起消费者的共鸣，也能促进新产品的成功。如我们熟知的品牌江小白、味全的个性包装等都是通过文案的创新，把包装变为营销素材，在销售市场上打开了新局面。

总之，要做好新产品的包装设计工作，既需要在设计过程中守住“初心”、坚守原则，又需要多角度、全方位考虑的同时勇于创新。

小提示：好马配好鞍，好产品需要高颜值。

第五节　新产品如何命名

品牌大师里斯说：“在定位时代，你能做的唯一重要的营销决策就是给产品取什么名字。”日本索尼公司的创始人盛田昭夫也说过：“取一个响亮的名字，以便引起顾客美好的联想，提高产品的知名度与竞争力。”在品牌越来越多的今天，产品只要具有一个好名字就成功了一半。因为一个好名字可以传神地表达产品的特征，给消费者留下深刻的印象，并因此节约大量的传播成本。很多企业在给产品命名时是非常谨慎的。

山东A酒业有限公司是一家集科、工、贸为一体的大型集团公司，在环境幽雅的山东B市投入巨资建设了大型果蔬酒生产基地，占地面积220亩，拥有目前国内一流的生产设备和科研力量，固定资产达1亿元，预计年产值3亿元。

2015年，山东A酒业有限公司投入巨资研制出以生姜为原料的果酒配方，生产出健康果蔬酒，因为产品的主要原料是生姜，因此给产品起名时将原料生姜中“姜”的谐音和产品品类中果酒的“酒”字进行了组合，给产品起名——将就酒。它是一款以生姜和大枣为主要原料酿造而成的新型果蔬酒。

该产品既具备姜的保健功效，又有不错的口感，解决了保健酒在口感和功效上难以相容的难题，突破了制约保健酒发展的瓶颈，也给新产品增添了开发市场的先天因素。因此，山东A酒业有限公司将其作为重点推广的新产品，提出了打造中国健康果蔬酒第一品牌的口号，同时组建强大的运营管理平台，开始在全国范围内进行深度的推广和运作。

然而，不到三年，山东A酒业有限公司不但打造中国健康果蔬酒第一品牌的伟大宏愿全面破灭，而且位于B市的厂房、办公楼、宿舍等地上建筑物及机器设备等被公开拍卖，预示着鲜姜酿造的新产品将就酒和将就品牌全线下马。

探寻山东A酒业有限公司将就酒失败的原因，固然从其产品开发到上市有很多教训值得企业在新产品开发过程中思考，但是最主要的原因是其在产品命名上出现了问题，让企业走入万劫不复的境地。

问题一：妄想以己之力诠释“将就”的新含义。按照企业给产品起名“将就酒”的解释是：“将就不仅是姜酒的谐音，更是5000年华夏民族传统的中庸哲学文化的精髓，是一种包容、谦让、和谐的境界；是一种积极向上的生活态度和乐观精神；遵守潜在规则，期获国家的统一、社会的和谐、家庭的和睦及朋友的宽容。”但是，在汉语辞典中，“将就”一词的含义是：勉强适应不太满意的事物或环境。比如“这里的条件不好，你就将就点吧”。在实际生活中，“将就”的这个含义被广泛运用。产品的名字本身会说话，消费者会根据名称本身引发的联想和自身的情感心理对接。而“将就酒”试图打破这个人尽皆知的含义，另外赋予它全新的含义。一般来讲，要想被广泛认同，无疑有些痴人说梦。

问题二：好产品因为坏名字让消费者产生不好的联想。在产品消费中，消费者更注重情绪化的联想，注重产品传达的情感和消费者潜意识中的心理和情感的需求对接，从而产生强烈的吸引力。按照“将就”原来的含义理解，朋友相聚：“没有好酒，来杯‘将就’将就喝吧。”如此一来，“将就”只能是它自然引发的情感联想了，将就酒是不是意味着酒的质量将就、口味将就、态度将就、感情将就，什么都凑合呢？如果引发这样的联想，在人们对生活需求越来越高、个性需求越来越强烈的今天，试想有几个人愿意品尝“将就酒”、愿意和朋友分享“将就酒”？

很多时候，我们会遇到一种现象，一个新产品研发出来的时候，往往面临这样的窘境：企业的品牌商标是已经确定且无法改变的，虽然企业这个现有的品牌商标可能无法实现让新产品快速传播的目的，也存在无法有效传递新产品的概念、实现与消费者有效联想的一系列弊端。面对这样既存的事实，要去改变这种不利的现状，最好的办法就是对即将上市推广的新产品结合市场、结合产品本身、结合目标消费者的利益需求，在不违背企业现有品牌个性和形象、不违背品类特征的前提下对产品进行重新命名，通过强化新产品名来弥补现有品牌商标不足的问题，从而为新产品上市创造市场契机。很多时候，通过对新产品命名会给企业带来意想不到的好结果。

那么，究竟如何给一个已成形、已具规模的品牌推出的新产品命名呢？

小提示：给新产品命名时，如果企业的品牌或者商标知名度不高，无法满足新产品推广的需要，就要考虑给新产品重新起名。

一、新产品命名要坚持“四好一合法”原则

别提某品牌名字特别难记，但规格高，要知道人家可能是500强企业，财大气粗，喜欢玩另类，能砸得起高昂的广告费。中小企业财力有限，无法支付高昂的传播成本，是学不来的。因此，在给产品命名时不要追求所谓的“高大上”，要在坚持“四好”原则的同时遵循合法性原则。

1. 名字好写

这是产品命名的第一要务。产品名称是给消费者叫的，应考虑到用字的大众化问题，即给产品命名时，使用的文字要好写，避免使用生僻字，哪怕这些文字的寓意再好也不予采用。好的名字像好的文章，是在平淡中见神奇，而不是靠冷僻字、多笔画字和异体字来吸引人。越是产品名字好写、好认的产品，越容易形成传播。今麦郎的凉白开、康师傅的喝开水、君乐宝的涨芝士，这些悦耳动听的名字，哪一个不是常用字？

2. 名字好读

产品名称口语化、通俗化、特征化、符号化，朗朗上口，易于传播，避免拗口，这样可以使产品更加人性化，充满较强的人文特征，使产品亲和力无限倍增，充分体现出“广告就是应用常识将复杂的信息简单传播”的深刻精髓。如在欧洲属于第一大奶品公司的帕拉玛特兵败中国，与其名字晦涩难懂、不易被消费者记忆和传播有很大关系。

3. 好记忆

即产品名称要简洁，让人能够快速记住并形成记忆，建议产品名的字数最多为四个字，一般以两三个字为宜。因为四个音节的产品名称能让人记住的很少，除了像可口可乐等百年品牌，市场上鲜有运作成功的四个字名称的产品。

4. 好联想到产品

即新产品名称要容易产生联想（相关性），越直白越好。主要体现在以下几个方面：

第一，名字要和广告语有联想，名字和产品的功能、卖点有联想，也是极好的捷径，会节省大量的广告成本。如感冒药“白加黑”将感冒药的色彩分为白黑两种，并以外在形式为基础改革了传统感冒药的服用方式。这两种全新的形式本身就是产品的一种定位策略，同时将其名称命名为“白加黑”也使这一名称本身就能表述品牌的形式特性及诉求点，既是一种定位，也是一种诉求。

第二，产品命名要具备具象效果关联。一秒钟让大家知道你在卖什么产品，这样可省下很多广告费，在命名规则里不会让人误想（要正面效应不要有负面效应）或不易辨识。

第三，产品命名要有好寓意。中国人追求好寓意，好听的名字再有好的寓意和吉利、祝福之意，就会更受欢迎。如“娃哈哈”除了通俗、准确地反映了一个产品的消费对象外，最关键的是将一种祝愿、一种希望、一种消费的情感效应结合儿童的天性作为品牌命名的核心，而“娃哈哈”这一名称又天衣无缝地传达了上述形象及价值；王老吉、金六福则体现了美好的寓意。

小提示：一个不容易记忆的名字，寓意再好也是白搭。

第四，产品命名要和消费群体的利益点相关联。无论什么样的产品最终都要回到目标消费群体手中，在新产品命名时要让消费群体感觉到备受关注、有利可图，显性或隐性地让其受益是必要的。如娃哈哈的AD钙奶和爽歪歪，其目标消费群体是儿童，尽管儿童鲜有购买权，但是其带来的利益点更容易让年轻的父母接受；潘婷、海飞丝、舒蕾、飘柔、雅芳、花王、夏士莲等，其目标消费群体主要是女性消费者，故而名称比较斯文、优雅。感性化、女性化容易让人联想到女性。

第五，产品命名与产品的USP有关。新产品命名是以USP为基础的，如蒙牛的大果粒酸奶、可口可乐的果粒橙饮料，其产品名称都是以产品的USP为基础，突出产品的核心卖点；农夫山泉使用“山泉”两字就直接、形象地反映了定位“天然水”的概念；市面上销售很好的“浓缩酸奶”，其“浓缩”的利益点已被广大消费者承认，它所蕴含的意义不只是新产品命名这一简单层面，而是产品的一次成功定位。

5. 产品名称合法原则

即产品的命名要遵守国家相关法律法规及相关行业标准的要求，如产品的命名要符合《中华人民共和国广告法》《中华人民共和国商标法》和国家相关标准的规定。

> 小提示：
>
> 1. 好名字不是救命稻草，但坏名字可能是压死骆驼的最后一根稻草。
> 2. 好的产品名称一定要易记、易懂、易识别、易听、易上口且合法。

二、新产品命名常用的十五种方法

每一款新产品都承载着一个强大幕后工作群体的心血和智慧结晶，所以对于新产品的名字要精益求精，朗朗上口是必不可少的，让人们一听就知道这是什么很重要，而吸引消费者的兴趣也很关键。要满足以上要求确实很难，给新产品取一个好听好记又实用的名字有哪些方法呢？

方法一：外文译音命名法。用这种方法命名具有时代感，使人有现代、时尚等感受。如得宝纸巾、护舒宝、汰渍、碧浪、可口可乐等。

方法二：时间命名法。这种方法以明确的时间概念来使人们购买和消费。如新希望的 24 小时鲜牛乳、天天牌牙膏等。

方法三：人名、地名命名法。这种命名法是以人和产地的信誉吸引消费者，或以历史、传说的人物、品牌奠基者等形象引起人们对商品的想象。如张小泉剪刀、王致和腐乳、王老吉凉茶等利用历史和名人效应来命名；茅台醇、杏花村、青岛、珠江、黄河、燕京和云南白药等则是利用独特的地名来命名。

方法四：原料或者原材料的数量命名法，即以原料特点来命名的一种方法。例如我们常见的六个核桃、三朵棉花、果粒橙、两面针牙膏、沙棘饮料，以及乳制品中的水牛奶、山羊奶、骆驼奶粉等，调味品中的十三香、保健品中的 21 金维他等。

方法五：产品品类命名法。此命名方法和原材料命名法有着相似的方式，但是该方法常用于市场通用的大品类产品的命名，如草莓酸奶、橙汁饮料、杏仁露等。

方法六：杜撰的词语命名法。以别出心裁、不含意思的词语打破产品名称表意的惯例，取得引人注目的效果。这种命名方法常采用陌生的属性 + 熟悉的词语的方式，如农夫的茶 π、统一的小茗同学、元气森林等。

方法七：吉祥词命名法。以美好的事物命名，有明显的象征意义，其目的是讨个吉利，讲究口彩，如“金利来”的领带、金六福酒等都寓意给人带来滚滚财源的美好祝福。

方法八：产品卖点命名法，即企业用自身产品与其他产品卖点的不同，用自己独特的卖点给产品命名。如芝士酸奶、浓缩果汁、无糖饮料、高钙牛奶等。

方法九：以产品销售地域和方言命名法。主要是根据销售区域的消费特性和对产品称呼的不同命名。如同样是调味品的酱油，在北方叫酱油；在南方叫生抽、老抽。

方法十：消费群体命名法。根据产品针对的消费人群的不同对产品进行命名。如太太口服液、儿童榨菜、旺仔牛奶、喜之郎果冻、妈妈乐卫生巾等。

方法十一：生产工艺命名法。此类命名主要是对产品生产工艺的独特卖点进行挖掘，用产品的生产工艺和参数对产品进行命名。如乳品中的75℃牧场鲜奶、72小时发酵酸奶及生啤、二锅头等。

方法十二：产品效果命名法。这种命名法是根据客户使用这类产品想实现的目标，找到一个顶级并熟悉的词语进行命名。如美体产品绿瘦、保健产品康尔寿等。

方法十三：产品直观形象命名法。这种命名方法是罗列产品最直观的感受，筛选出最合适的产品名称。如网络流行吃得满嘴都是的"脏脏包"，以及酸奶面包、小罐茶等。

方法十四：潜意识词汇命名法。这种命名法是找到一直在和产品交互场景高频出现的词语，将这个词语作为产品名。如今麦郎的凉白开、统一的喝开水，这些词语所表达的意思已经在人们的潜意识中根深蒂固。

方法十五：语言音节命名法。此命名法没有任何含义，完全是根据音节是否响亮和发音是否顺畅来进行产品命名。如朵而、兰蔻、潘婷、乐百氏等。

以上十五种常见的命名方法，是只抛砖引玉，企业在对产品命名时做一个参考，在具体实践时还需要灵活和变通地使用，找出适合自己产品的命名方法。

小提示：产品的名字和产品的包装一样，也能决定产品最终的命运。

三、新产品命名的工作流程

给新产品命名是一项颇具挑战性的工作，是智慧的凝结、创意优劣的分水岭。有太多的畅销产品由此诞生，更是神奇地带动了一个新品类的茁壮成长。如何做好产品命名的工作，像其他事物一样，成功一定有方法，失败一定有原因，新产品的命名同样也是有“法”可循的。具体流程如下：

第一步，收集所有与新产品相关的资料，列出产品能带来的种种好处（利益点），明确产品的功能特点，具体描述未来购买者的特征，确定目标消费群、新产品的核心概念和卖点。

第二步，正式命名时，除了召集市场营销人员，最好能号召更多的员工参与进来，让每个人运用发散式思维，把能想到的名字写出来。一般来讲，总数至少要超过 100 个。

第三步，所有的参与者把自己能想到的新产品名字写在事先准备好的白板上，然后请一个人把所有的名字从头到尾大声地朗读一遍。同时，请人记录存档，等念完和记录下所有的名字后，把白板上的名字全部擦掉，再请在座的每个人写下至少 5 个印象最深刻的名字，前提是不包括自己起的名字，将所列名字进行唱票统计，按照得票多少列出来，超过半数的名字，便是需要使用和确定的（实际情况中没有一个名字会超过半数）。

第四步，对需要使用和确定的新产品名称进行测试。主要是把在内部确定的产品名称，要求销售人员到市场上让经销商、消费者对名称再进行一次测试和选择，也可以通过企业的自媒体平台微信公众号，让消费者参与产品名称的测试工作，确定最终的产品名称。

小提示：新产品上市不注重名称概念测试，想当然地做市场，最终只会导致失败。

第五步，新产品名字确定下来，如果可能就要进行必要的保护性注册，即将与新产品类似的名称全部注册下来，进行对产品名称注册商标的外延性保护。

四、产品命名需要注意的事项

易于传播的好名字，不仅确定了新产品的定位、营销战略的主攻方向，还可以节约大量的传播成本。更重要的是，它在新产品获得消费者的一致认同和占领目标上，能够赢得速度上的优势。可以说，一个产品的成功与否在它的名称上已经一见高下了。正因为如此，在掌握产品命名原则、方法和程序的同时，还需要在新产品命名时注意以下事项：

第一，产品命名要照顾目标消费群体的理解能力，要使用和目标消费群体相同的"语言"。即要根据消费群体的特征命名，针对普通消费群体的产品不要过于追求高雅的命名；针对高端消费群体的产品在命名上则不能太俗，要追求雅致。如宝洁公司的洗衣粉品牌，定位于中高端消费群体的就叫作"碧浪"，定位于普通消费群体的就叫作"汰渍"。"碧"既是一种颜色，也是一种清洁意蕴强烈的词语，"浪"则是直接的漂洗动作，这个名称非常富有意境，也符合目标消费群体的消费特征；而"汰渍"则直接反映"淘汰污渍"的基本功能，也照顾了一般消费者的理解能力。

小提示：一个产品的名字已经决定了它在消费者心目中的地位。

第二，产品命名不能太技术化，晦涩难懂，要做到通俗并富有特色，易于被消费者接受。如化妆品名叫“细胞活能”“冬冠180”等，不如叫“颜如玉”“靓颜”更能让消费者接受。

第三，产品命名要符合大众心理，能激发消费者的购买动机。如女性用品的命名应秀美小巧，男性用品的命名应雄健粗犷，儿童用品的命名应活泼可爱，老年人用品的命名应吉祥稳重。

第四，产品命名要考虑产品名称必须具有正面的联想度，不要产生歧义，且联想度与产品本身的诉求相吻合。

小提示：一个好名字的最大好处之一，就在于它能节约大量的传播费用、时间和精力！

第五，产品命名要与众不同，区别同类产品，忌讳山寨大品牌的响亮名字。人家是第一，你模仿的名字背负山寨会大大降低产品的信任度，也会让消费者陷入选择误区。

第六，产品命名要充分考虑产品特征、属性及品类等因素，要名副其实，即产品的名称符合产品的特征性能、符合目标市场的消费环境、符合消费者对产品的需求和认知，看名字就知道你卖的是什么产品。

小提示：给产品命名，最本质的需求是降低传播成本，包括产品的认知成本和传播成本。

第七，产品命名要尽可能使用简单、寓意好的文字。不能为了追求所谓的“格调”或者“调性”，使用寓意隐晦、文字冷僻和寓意不好的文字，从而造成传播困难。

第八，产品命名要考虑产品名称具有合法性。不要为了追求所谓的“传播”效果而违反相关的法律和法规。

小提示：好名字本身就是一个很好的广告，就像多米诺骨牌，只要你用手指轻轻地推动一下，人们就会自发地转告。

第六节 新产品上市前要做好哪些基础准备

瀚海农业开发有限责任公司是 × 省 × 市一家主要从事农业生产的大型企业，过去该企业主要从事的是农产品的种植和粗加工，产品主要围绕本市进行销售。随着企业的发展需要，瀚海农业开发有限责任公司开始把发展的目光转向产品的精加工，通过和 × 省的知名高校合作，在 2018 年成功开发出一款具有地方特色的植物蛋白饮料——巴旦木百合乳饮料。

该产品由于采用独特的生产工艺，不仅很好地解决了巴旦木乳产品营养留存和质量稳定性的问题，还很好地解决了产品的口感问题。由于口感好且产品富含十几种维生素，有着和很多植物饮料产品不同的独特卖点，为此，瀚海农业开发有限责任公司决定把该产品作为 2019 年企业的一个重点产品进行打造。为了顺利实现产品的上市，该公司专门成立了负责营销的全资子公司瀚海生物科技有限公司，并委派总公司的营销副总赵峰担任子公司总经理，全权负责新产品巴旦木百合乳饮料的上市和销售工作。

新上任的公司总经理赵峰，是一位从销售一线成长起来的营销专业人员，虽然有丰富的市场营销实践经验，但是对新产品上市方面的工作接触得较少，此次可谓是“赶鸭子上架”，颇有临危受命的意思。为了做好新产品巴旦木百合乳饮料的销售工作，赵峰根据自己的经验，一方面紧锣密鼓地和设计公司对接产品的包装设计工作；另一方面四处网罗营销人才，开始组建销售队伍。随着时间的推移，新产品的包装设计工作顺利完成，销售队伍的搭建也基本完成，产品如约生产出来。怀着喜悦的心情，赵峰在满怀信心地给销售人员进行简单的动员后，就安排销售队伍奔赴各自的市场，开始新产品上市的招商工作。似乎一切都水到渠成，然而一个月过去后，招商工作并不理想。

此时，一线的销售人员纷纷反映，在招商工作中由于缺少相关的宣传资料，在和客户沟通时非常困难，即便好不容易和客户达成合作，在产品铺市的过程中又发现手头没有可用的宣传文案和图片，让产品铺货和宣传不能同步进行；有些客户想做电商销售，却发现企业没有任何可以使用的资料。

诸如此类的问题出现，让新产品的宣传受阻，市场销售工作不理想。当这些情况传到公司后，赵峰才发现自己在新产品上市前还有很多准备工作没做好，从而导致诸多问题出现……

新产品上市都面临着同样的现实问题，那就是对产品的认识问题，即解决如何让客户知道产品、如何让消费者了解产品两个最基本问题，也就是我们常说的宣传问题。

随着网络科技的发展、电商平台的崛起和智能手机的广泛运用，要解决宣传问题还需要考虑用什么样的方式进行宣传。过去可能是通过电视 + 报纸广告进行宣传，地面铺货工作一开始，上述问题就能通通解决。如今随着媒体的多元化、传播渠道的复杂化，在互联网时代营销渠道呈现多样化，上述招数行不通了。

面对新的商业环境必须有新的方式和方法，利用新的手段来解决新产品上市问题。具体而言，结合现代的销售渠道和商业环境，企业在新产品上市前必须做好以下基础工作。

小提示：新形势、新环境下要学会用新的方法和工具解决问题。

一、要准备好产品的效果图

新产品要营销好，从宣传的角度而言，首要任务是做好新产品的传播工作，让更多的人知道新产品，这样才能事半功倍。因此，在产品的包装设计确定好后，企业需要准备一份产品包装的效果图，这样不仅可以直观地呈现出新产品，并对新产品包装的设计进行市场测试，还可以利用新产品的包装设计效果图为企业产品的上市进行宣传，为新产品的招商做好铺垫。结合实际应用，企业把准备好的产品效果图发给营销人员。一方面让业务人员和企业内部人员利用新产品效果图对产品进行上市前的宣传；另一方面可以激发业务人员和企业内部人员的热情，进行新产品宣传的再创作，实现新产品更多的创意传播，从而促进新产品的销售工作。

二、要拍摄一些产品的宣传照片

如果说产品的包装效果图是新产品第一次直观的呈现，那么新产品生产出来后，企业还需要让新产品做一次更直观的实物呈现，而这次呈现和产品效果图的呈现有所不同。企业要结合产品的消费场景或者销售场景多角度、专业化地拍摄一些产品的实物照片。这些专业角度拍摄的照片，不仅可以提升企业的形象、体现对销售的重视，还可以方便后期客户进行微信朋友圈的宣传，也便于企业营销人员和自媒体运营人员在后期的宣传使用。

小提示：一张好的产品图片可以让传播更加有效。

三、要准备几篇产品的宣传文案

微信、公众号、自媒体……网络时代媒体无处不在、宣传无时不在，图片的宣传效果虽然很好，但有时需要文案的配合才能锦上添花。因此，企业在新产品上市前还需要在宣传文案上做准备。一篇好的产品宣传文案既可以在短时间内形成一个热议话题，也可以让企业的产品在短时间内产生流量。对于产品宣传文案内容的选择，可以是讲品牌故事，可以是讲产品卖点，可以是讲产品生产工艺，可以是讲产品品质管理，还可以是和流行话题相结合的内容等，产品的宣传文案撰写可着眼的角度很多。总体而言，宣传文案的数量和角度越多越有利于新产品的宣传，也越有利于经销客户和消费者接受和了解产品，提振消费的热情和经销的决心。

小提示：好的宣传文案自带流量。

四、要制作一份专业的产品详情图

在万物互联的时代，线下终端、社群营销、电商平台及自媒体平台多元化的渠道，让产品的销售渠道不再仅仅局限于线下终端渠道，有些企业会把电商平台作为新产品上市的主要销售渠道，也有些企业会把电商平台作为销售渠道的辅助部分，还有些企业会发力社群营销。总之，伴随互联网而生的线上渠道是大多数产品销售绕不过去的环节，制作一份包括产品形象、卖点、特点和利益点诉求的产品详情图就成为企业必须做的一项基础工作。

> 小提示：不仅要让消费者知道产品，还需要吸引消费者。

五、要拍摄一些关于产品宣传的短视频

由于信息爆炸和信息焦虑乃至信息疲惫，在文字、图片、短视频三种传播方式中，各种新媒体试图超越文字和图片，通过更有吸引力和更容易理解的方式来争夺受众的有限注意力。短视频因为其生动性、直观性及丰富程度超越文字、图片，无疑成为最快速让人们记住和接受的传播方式。如今短视频逐渐成为很多人获取咨询的重要手段。它改变了受众只看文字、图片的习惯，将人际传播与大众传播有机融合，增强了传播效果，拓宽了社交范围，强化了用户间的信任，让稳定的社交群体范围更广、传播力度更大，这也是很多短视频受企业推崇、短视频运营平台能够快速崛起的原因之一。企业要想实现新产品快速传播的目的，从传播的角度建议有条件的企业可以多拍摄一些关于产品的短视频用于产品的宣传，建议每段视频的时间控制在 10~15 秒，以便在相关的媒体中进行传播。

> 小提示：短视频流行时代，宣传需要与时俱进。

六、要准备一些相关行业和竞品的市调资料，以及企业新产品知识的材料

所谓“知己知彼，方能百战不殆”，谙识行业、了解产品、熟悉竞争对手的相关情况是每一个营销人员应该具备的基本功。但是，受限于每个营销人员的行业工作经验和在企业工作时间等因素，对

新产品及行业、竞品等知识的了解就会存在各种各样的差异和五花八门的理解。企业要做好产品销售工作，尤其针对新产品的销售，在产品上市之前就需要让业务人员做足、做好基本功课，考虑给业务人员提供专门的产品知识手册或者相关的产品知识内训课件，让业务人员能够系统地了解行业的知识、竞品的情况，准确掌握自己产品的相关信息、卖点。这样既可以增强业务人员的信心，也可以让业务人员在和客户谈判时言之有物、言之有据、言之有理，提高谈判的成功率。

小提示：知己知彼，方能百战不殆。

七、要准备好企业的招商手册

企业招商手册是经销商快速了解企业、了解产品、了解招商要求的一个最基本的工具，也是厂商认知的一张“门票”。一个好的产品招商手册不仅可以激发客户的兴趣，减少厂商之间的口头沟通成本，增强经销商对业务人员的信任，还可以间接地提升企业的形象。一般而言，企业的产品招商手册分为传统印制版和电子版（如 H5、PPT 等）两种，尤其是在移动互联网时代，很多企业常用电子版产品招商手册为客户展现产品，为了照顾客户的观看习惯和现场感，也有很多企业会使用纸质版产品手册。笔者建议，最好是两者结合使用，电子版可以先发给未能亲自拜访的客户，在拜访客户时再使用纸质版招商手册，这样效果更好。

小提示：一本好的招商手册，意味着 50% 的成功率。

“兵马未动，粮草先行。”新产品上市前的基础准备工作做得越充分，上市后的工作就会越顺利，成功的可能性就越大。做好产品上市的基础工作，不但可以为线下销售渠道的开发助力，而且可以为线上渠道的销售提供支撑，最终实现新产品线下和线上的互动，减少新产品上市的难度，提高上市成功的概率。

第二章

招商篇

第一节　新产品招商手册如何编制

郑海峰作为一名职业经理人，在快消品营销一线摸爬滚打十年有余，开发的市场和经销商虽然没有上百个，也有好几十个，不能说百战百胜，但是在过往的企业中都留下了较好的口碑。尤其在招商工作方面，郑海峰有独特的经验。他认为招商工作说难不难，关键是要找到方法。郑海峰认为取得招商工作的成功，剔除产品因素，无外乎是要做好两个方面的工作：一方面是人的因素，要求企业的招商人员要具备扎实的基本功，了解自身的产品，同时要熟知行业发展情况，需要找到对的人，找到理念、思路和企业一致的人；另一方面需要企业在招商工作中做好产品的招商手册，一本好的招商手册抵得上半个招商团队，可以直接带来成交。对于如何编制招商手册，郑海峰有自己的心得……

招商手册是利用大量信息和精练的介绍语句吸引商家的一种宣传资料，也是企业对外进行企业形象展示的一种工具，事关企业的“形象工程”。一个好企业一定要有好的招商手册，因为它是经销商快速了解企业的门面工程，一本好的招商手册抵得上半个招商团队，其作用不可小觑。一般而言，产品手册分为传统纸质印制版和电子版两种，很多企业在使用电子版产品手册给客户展现产品的同时还会制作纸质版的招商手册，因为纸质版的招商手册可以照顾很多经销商的阅读习惯及对图案真实感和现场感的需要。很多时候，纸质版的招商手册依然效果显著。

小提示：招商手册是沟通厂商认知的“门票”，其编制一定不能大意。

一、编制新产品招商手册的作用

招商最终要实现与客户成交这一终极目的。招商手册则在招商的过程中可以发挥以下作用：

第一，客户可以通过招商手册或者电子版资料了解企业的相关信息及招商产品的相关情况。

第二，客户通过招商手册或者电子版资料产生代理意向，会致电或亲临公司咨询代理事宜。

第三，通过招商手册或者电子版资料可以增强客户的信任感，尤其是在陌拜的时候，可以减少双方的沟通成本。

第四，通过招商手册或者电子版资料有利于推进谈判的进度，通过招商手册实现的第一次沟通，为后期的谈判打下基础。

第五，招商手册或者电子版资料不仅是企业、产品展示的一种技术方式，还是厂家展示企业形象、企业实力的宣传工具，好的招商手册或者电子版资料可以为企业的美誉度加分。

小提示：招商最终要实现与客户成交这一终极目的，招商手册要为招商服务。

二、如何编制好新产品招商手册

“工欲善其事，必先利其器。”编制好一本招商手册或者电子版资料，使其充分拨动客户想获利的心弦，达到招商预期的目的是企业编制招商手册的动机之一。而要编制好企业的招商手册需要做好两项工作：首先，要有好的内容，做到篇幅结构上不能漏项，文案内容中文字组织方面要朦胧中求完美，语句要求高度提炼，突出亮点以增强吸引力；其次，要有好的设计，平面设计、印刷方面要体现高档次、强实力。

（1）产品招商手册的篇幅结构和内容主要包含以下方面：

①编制说明。主要讲述招商手册编制的相关说明和具体目的。

②目录。简洁通俗，手册内容罗列清晰，让客户可以快速找到自己想要了解的内容。

③市场机遇（行情）。深度分析本行业面临的挑战和发展趋势，让客户充分意识或认识到行业的发展前景和可行性。

④产品前景（定位）。分析行业的现状，主打产品的介绍；重点突出对行业现状、市场发展、企业产品特色和产品市场定位的相关内容，让客户知道企业的产品是充满创造力、创新力和创意力的，更要让客户知道招商产品的无限“钱”景，激发客户对市场、产品的兴趣。

⑤企业介绍（背景）。重点对企业的发展历程、企业规模、生产设备、研发技术、企业荣誉和市场情况等方面进行介绍，要展现企业的实力和优势，让客户放心合作。

⑥企业愿景。招商手册一定要把企业的愿景、蓝图展示出来，也就是“造梦”，让客户对未来有预期，这样可以坚定客户代理产品的决心和与企业一起发展的信心。

⑦经销模式。重点突出厂商合作采取的商业模式，以及常规政策、要求等内容，让客户能够快速了解相关内容。

⑧合作优势。重点突出客户和企业进行合作，能给客户带来的利益、优势和亮点，提高经销商的合作意愿。

⑨合作条件。重点说清楚经销商合作需要具备的基础条件和要求（资金实力或者物质实力的要求）、市场渠道的匹配度、思路或者观念上的一致性，目的是找到合适的客户。

⑩联系方式。主要是写清楚企业的具体地址、招商人员的手机号码、企业的固定电话，以及微信或者公众号二维码等，内容越详细越好。

注：在编制招商手册的同时建议制作一些市场详细操作手册，比如《产品终端生动化陈列标准手册》《动销策略手册》《产品利润分配手册》《产品销售话术手册》等。上述手册可用于辅助招商，增强经销商的信心，让经销商明白企业市场运作的具体方法和市场策略，增强经销商合作的信心。

（2）产品招商手册设计、印刷的相关要求主要有以下两点：

①要有视觉冲击力。能否让被吸引的眼球“放亮”并产生进一步探个究竟的想法，是判断该手册设计和运用成功与否的衡量标准。因此，招商手册的设计要在视觉效果方面多下功夫，运用好色彩和内容等方面的设计，实现在众多竞争对手招商手册中的突围，成为“万绿丛中一点红”。

②要有档次感。重点是要在设计和印刷过程中，做好印刷材料的选择和保证印刷质量，做到印刷的文字清晰、图案色彩亮丽。

小提示：一本好的招商手册抵得上半个招商团队。

三、编制新产品招商手册需要注意的事项

新产品招商手册作为企业的“形象工程”，仅仅做到内容好、设计好和印刷好还远远不够，在编制新产品招商手册时还需要注意以下

事项。

有的是内容太空泛，没有聚焦，有的是不懂更新，一个手册用3年，这些都是大忌。

手册内容上：第一，手册的编制要遵循简明扼要、重点突出、阅读方便的原则，内容要简练，不要太空泛、华而不实，没有聚焦，要有内容、有针对性、有实际的可操作性，建议手册的页数控制在10页以内；第二，要秉承实事求是的原则，不要做虚假宣传，也不要攻击竞争对手，免得被客户和竞争对手抓住把柄；第三，招商手册不要做成说明书，要有表达尊敬对方的相关语言，赢得客户的好感，让客户愿意抽时间看完。

手册印刷方面：手册的颜色不宜太花哨，要大气，一般以单色调为主，红、蓝、黄、绿为主色调，具体使用上要根据产品特色和企业风格拟定，花里胡哨的企业产品手册容易丧失权威感。

手册的大小方面：建议手册以A4纸大小为宜，太大不方便携带，太小不宜展示产品画面。

手册文字使用方面：在编辑手册过程中，要在细节上做到极致，要仔细审核数字、逻辑、错别字，不要因小失大。

联系方式：招商手册上一定要留销售部的固定电话和手机号码，不要留400客服热线，不方便客户联系，以免错失招商时机。

小提示：很多公司的成功，就是得益于招商手册的成功；很多公司的失败，就是败在招商手册的策划设计和内容上。对招商手册一定要重视起来！

附件：招商手册

×××× 生物工程有限公司全国营销中心

一、启篇

相传战国时，在秦国境内黄河南岸，香山北麓（今卫宁）平原上，有一个青年农夫，乳名狗子，以农耕为业。娶妻杞氏，杞氏勤而贤惠，夫妻日出而作、日落而息，奉养老母，倒也勉强度日。时秦吞并六国，秦国之男丁，拓疆征战，狗子被召戍边。

“将军百战死，壮士十年归。”狗子戍边归来，已是须发皆白。路见家乡正闹饥荒，田园荒芜，路人讨吃，饿殍遍地，众乡邻面带菜色，孩子嗷嗷待哺。狗子甚为惶恐，不知老母与妻子现状如何？既到家，见老母发丝如银，神采奕奕，妻子面色红润，不似路人饥饿之状，甚为惊讶！谓妻曰：“路见乡邻皆饥，唯母与尔饱满，何也?”妻对曰：“尔从军后，吾终日劳作，勉为生计，去今之年，蝗灾涝害，颗粒无收，吾采山间红果与母充饥，方免其饿。”其母曰：“吾若非尔媳采红果食之，命已殒矣!”狗子喜泣，对妻更为敬之。邻人闻之，争相采食，谓之枸杞食。

后人发觉狗妻杞氏所采山间红果有滋阴补血、养肺健胃之功效，民间医生采之入药，改其名称枸杞子。

二、企业篇

1. 企业简介

××××生物工程有限公司创建于2008年9月，是一家集枸杞生物技术研发、枸杞饮料生产、销售为一体的企业。公司产品自投放市场以来，得到广大消费者的认可和信赖，并成为宁夏回族自治区重点扶持企业。

（1）企业历史

××××生物工程有限公司最开始是生产枸杞鲜果原浆并出口，出口集中在中东、欧美及东南亚等区域。由于原浆原料出口的利润空间很小，企业的发展受到限制，因而转型投身国内市场做枸杞原浆成品。

（2）企业荣誉

公司产品于2009年被评为“××××香港贸易旅游周指定接待产品”，2010年上海世博会××××馆代表产品，也是××××唯一进入上海世博会的清真食品。2010年被国家农业部授予“金奖”称号，××××黄河金岸国际马拉松赛指定饮料。2010年被中国清真产业授予最具投资潜力奖；2011年被××××知识产权司法签订中心授予“××××市场重点品牌”，同时荣获“科技创新杰出品牌”；2012年荣获“中华清真传统地域标志产品”，××××生物工程有限公司是吴忠市重点龙头企业和宁夏重点龙头企业；2013年被评为××××著名商标。2013年6月，××××在马来西亚参加“东南亚十优品牌展”，并且获得金奖。在马来西亚全国最大的连锁超市有产品专柜陈列销售，并在2013年底，全面进入其他东南亚市场。

本公司开发的纯天然鲜枸杞系列产品科技含量高，技术先进，配方科学，符合当今“方便、卫生、营养、安全、回归自然”的饮品潮流，产品药食同源，在国际、国内市场竞争力强。公司研究提供了一条枸杞常温保鲜的新途径，解决了枸杞原汁常温保鲜的技术难题、清汁问题、口感问题、沉淀问题，为今后枸杞产业化生产奠定了基础。

2. 企业使命

萃取枸杞精华，服务人类健康。

3. 企业愿景

高品质枸杞产品与世界同分享。

4. 企业文化

尊重、责任、自律、信任、高效、创新——快乐工作每一天。

三、品牌篇

1. 品牌核心价值

天然、绿色、纯净、高质。

2. 品牌使命

挖掘枸杞精髓，服务人类健康。

3. 品牌个性形象

专业、信赖。

4. 品牌主张

液体鲜果枸杞。

5. 品牌定位

中国枸杞植物功能饮品的倡导者。

四、市场篇

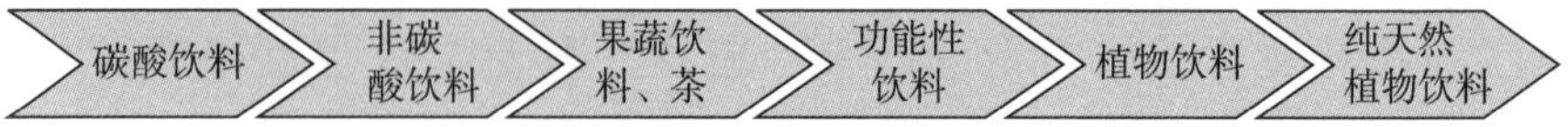

图 2-1　饮品分类

中国庞大的饮品消费人群给众多饮品企业带来巨大的发展空间，每年 30%~40% 的增长率也使繁多的新兴企业加入饮品企业大军。然而，饮料品牌的再生和个性细分的品牌诉求也使消费者挑花了眼。尽管如此，任何企业都无法改变的是消费者对饮品不断提高的要求和天然、健康、复合功能的需求。从追求时尚、个性的碳酸饮料到提倡精准定位的功能饮料和植物饮料，这不仅是企业的创新和另辟新路，更是行业发展不可改变的趋势。××××将以枸杞植物功能饮品倡导者的身份引领饮料行业最前沿，顺应饮料行业健康、天然、养生的趋势，以不可替代的产品特性同致力于饮料行业发展的众多经销商共享百亿财富。

五、产品篇

枸杞鲜果营养全攻略——100% 锁定枸杞营养素。

老年人：降血脂，降血压，预防脂肪肝、心脑血管疾病。

男士：解酒护肝，阻止慢性干咳，强化肾脏功能，改善消化系统，抵抗疲劳。

女士：抗衰老，美白，抗辐射，抗氧化，促进红血球、白血球生长。

儿童：明目，健脑，提高免疫力。

枸杞果汁：源于西夏王国的唇色诱惑——枸杞鲜果，清凉、爽口，刺激你的味蕾，丰富的营养元素健康你的身体，美丽你的心情，让你和你的家庭共享快乐健康的品质生活。

枸杞露：北纬 37.48° ——美丽的 ×××× 中宁枸杞鲜果压榨清汁，清澈、透明，犹如山涧中的一股清泉，甘甜、清凉、天然、健康，喝上它会为身体添加活力，缓解疲劳，身体包袱甩开，感受新生的力量！

枸杞醋：高挑的瓶身犹如少女亭亭玉立，透明的醋汁犹如印度的香料，虽然色彩单一，味道却丰富十足，酸中带甜，甜中有酸，唇齿间挡不住的诱惑，是软化血管、解酒护肝的不二选择。

六、营销篇

选择的就应该是有突破的。

跟随的就必须是能革新的。

当今快速消费品行业存在产品同质化严重、网络动销费用居高不下、新产品培养期长、老产品利润薄、销售团队流动性大等产销难题，这些难题让经销商的利润越来越低，甚至逐步转变成为配送商。而所有人还都在厂家—经销商—渠道中间商间争来争去，我们真想说："都玩不出花了，还耗着干啥？"在快消品行业不能革新、没有突破就不要再谈什么"五年计划"！

×××× 独有营销模式：

"别人眼里的小区域，我们眼中的大天下。"

精准的社区营销模式是根据 ×××× 产品特性所开发的崭新营销体系，我们本着"要争就争最有用的资源"的想法，从根本上一环扣一环地直接解决市场动销问题，我们形象地叫它"QYQ 营销战略体系"。

QYQ 营销战略体系诞生的目的：

· 创造忠诚消费群体，形成最有利的资源。

· 实现经销商利润最大化，达成与经销商的长期合作。

· 最大限度地压缩经销商运作成本，稳定周转。

·保持产品生命周期，实现稳定持续增长。

·为 ×××× 第二、第三段营销战略和销售再突破做坚实基础。

·为 ×××× 和经销商的战略转型创造有利资源。

QYQ 营销战略体系运行评估：

根据 ××××QYQ 营销战略体系在个别城市试运行的情况，该体系未出现不可执行问题并已实现方案第一阶段目标。

方案试运行基本统计数据：

地区选择：西部及西北欠发展城市

营销点选择：中等社区

目标客户平均量：2000 户 / 社区

预计成交率：10%

实际成交率：20%~30%

活动运营周期：2~4 个月

实现稳定销量：72000~108000 元 /（月 · 社区）

客户增长空间：50%~60% / 社区

其他数据：（略）

完善的营销管理团队：

×××× 拥有最完善的营销团队（见图 2–2），在互联网时代，企业已经不能单纯地靠好的产品 + 使劲投广告 + 人海战术 + 敢打敢拼去取胜，×××× 重视市场的瞬息万变，强调只有明确清晰的战略方向才能制定正确的战术体制，再加上点对点的强力执行和企商的精心投入才能创造一个又一个的行业奇迹。

在 ×××× 的营销团队中有从业十年以上的营销策划专家、终身扎在业务线上的销售精英、审时度势的公关设计、严谨审慎的管理人才、激情澎湃的专业讲师，他们全身心投入在 ×××× 事业中。

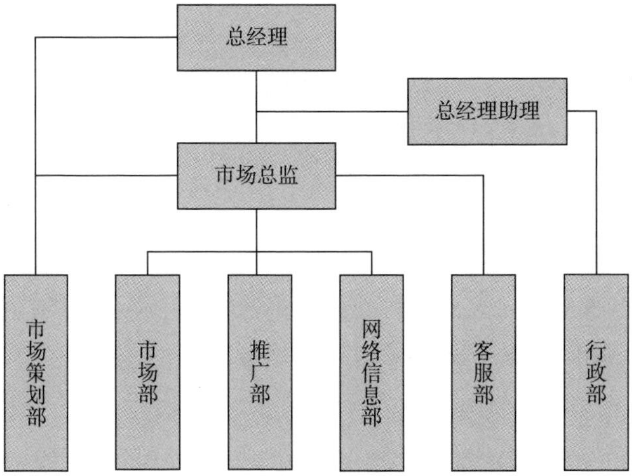

图 2-2 ×××× 全国营销中心组织构架图

七、政策篇

1. 市场扶持

专业人员地域帮扶，营销精英因地制宜制定区域营销方案，保障方案最终落地、产品快速运转。

2. 区域政策

封闭的独家经销区域保证及优先续约权，完整的渠道拥有权，保障经销商最大的经销权。

3. 售后服务体系

专人专区，市场问题 24 小时解决答复制，重大问题 48 小时回复制，准确、快捷的售后服务运营体系为你解决后顾之忧。

4. 广宣、促销品支持

专业的策划实力，提供全方位的物资支持，保障各项方案足够吸引力和经销商市场动销。

5. 市场运作方案

双重方案保证：全国营销中心的战略部署；点对点的地域性方案，保证每个经销商的市场顺畅。

极具战略性的市场策划，让每个经销商成为一方诸侯，走在区域前沿，提升销售增长率。

6. 方案支持

提供货真价实的活动配赠品，保证方案的完整实施。

配赠比例：5 箱 /100 箱。

7. 经销商代理条件

· 认可 ×××× 系列产品和企业实力。

· 认可 ×××× 营销模式和市场战略方案。

· 支持 ×××× 营销体系建设。

· 建立营销体系的执行团队。

· 首批进货不低于 10 万元。

第二节 新产品招商的常用方法有哪些

李维峰从大学毕业开始怀揣挑战自我、成就梦想的信念，一头扎进快消品行业已经六年了，从青涩懵懂的少年到如今老成稳重的业务精英。六年的一线实践历练，在老业务人员的带领下，凭着吃苦耐劳、肯学敢干的工作作风，李维峰很快就在快消品行业中站稳了脚跟。在这六年里，李维峰在收获一个个成功的同时也练就了过硬的本领，职务由原来的小业务人员升到大区经理。由于工作业绩突出，人脉资源广泛，李维峰也闯出了自己的名气，成为一些大型企业招揽的对象。为了寻求更大的发展空间和平台，李维峰在猎头公司的引荐下进入了A集团味美多食品饮料有限公司担任营销总监一职。

味美多食品饮料有限公司作为A集团的全资子公司，是A集团投资2000万元打造的一家以生产高端功能性饮料为主的企业，经过2年的发展，味美多食品饮料有限公司已完成了建厂和“唯美多”功能性饮料产品的研发生产等前期的一系列工作，如今可谓万事俱备，只差“临门一脚”。如何把这一脚踢好，无疑是李维峰将要面对的考验。走马上任的李维峰在熟悉企业内部的情况后，也在短时间内完成了和团队的磨合。面对企业的情况，李维峰心里明白招商是头等大事，也是自己踢好这一脚的关键。为此，李维峰结合自己的实践经验开启了一系列的招商工作……一个月、两个月……六个月，随着时间的推移，味美多食品饮料有限公司的“唯美多”功能性饮料产品的渠道逐步建立起来，产品销售渐入佳境……对于自己再一次取得的成功，李维峰认为：“产品出来了，招商是企业迈向市场的第一步，没有这一步或者这一步没有走好，企业再好的产品、再完善的战略和战术都没有意义……”对于如何招商，李维峰的经验是……

一、避免走入两个误区

对于招商工作中存在的问题，李维峰根据自己多年的经验总结了以下两个常见误区：

误区一：对招商工作认识不到位。有人认为招商就是砸钱、打广告、开会议、搞气氛，把经销商请过来吃吃喝喝，让经销商吃好喝好，招商问题就解决了；有人认为招商很简单，就是找客户，让客户打款进货。

误区二：招商思想和手段单一。受认知思想的束缚，只会使用传统的招商套路，招商工作只局限于开会、上展会或者全国各地到处跑，忽视互联网技术和现代新媒体技术的运用，导致招商的速度慢、效果差。

二、玩转招商的十个方法

李维峰认为："了解不同的招商方法，才能在实际中更好地运用这些方法，从而为企业的产品招商工作提供更好的服务。对这些方法只有做到烂熟于心，才能运用自如、得心应手。"他给出招商的十个方法如下：

方法一：意向客户会议招商方法。此招商方法主要是厂家邀请意向客户参加新产品发布会或推介会，利用发布会或推介会吸引意向客户和企业进行经销签约的一种招商方式。此种招商方法主要用于品牌知名度高、有一定渠道基础的企业，或者企业已经有合作意向的客户，不适用于全新企业。

优点：现场签约和达成率高。

缺点：企业开支较大，准备时间长。

方法二：展会招商法。利用专业展会知名度高、经销客户人流量大的契机，企业通过参加展会并且在展会现场设置专门的产品展示区，展现产品和吸引经销商关注，吸引优质的合作客户，促成招商合作达成，完成产品的招商工作。此招商方法适用于各类企业，一般常见的重要会议主要有春季糖酒会、秋季糖酒会及一些食品博览会。

优点：便于企业进行产品和品牌的展示，客户和企业可以互动。

缺点：开支大，现场签约率低，需要事后跟踪维系客户关系。

方法三：DM 单 & 样品邮寄法招商。通过和专业的招商机构合作，或者向企业已掌握的意向客户资源进行企业产品 DM 单 & 样品的邮寄，以此来开展企业的产品招商工作。此招商法适用于产品价值低的企业，如休闲食品企业。

优点：DM 单 & 样品可以快速覆盖意向客户。

缺点：DM 单 & 样品到达率无法确定、开支较大、达成率不高，后期回访量大。

方法四：互联网平台招商法。利用专业的互联网招商平台，通过在专业的招商平台投入招商广告，发布企业招商信息和招商产品图片的方式进行产品招商的一种方法。此招商方法适用于各类型企业，目前主要的招商平台有酒类、食品类、饮料类和保健品等几大类平台。

优点：辐射面广，费效比低。

缺点：转化率低，沟通成本大。

方法五：企业公众号招商法。利用微信公众号作为招商推广的平台，通过企业的自媒体公众号发布产品招商信息，从而实现招商的目的。此招商方法广泛适用于各类企业，目前利用企业公众号发布招商信息的形式主要有公众号软文、公众号图片及外部链接 H5 等形式。

优点：费用低，到达率可见。

缺点：对公众号粉丝数量要求高，文案和图片等制作要求高。

方法六：业务人员个人朋友圈招商法。主要利用个人微信平台作为招商平台，借助业务人员自身积累的朋友圈为资源，通过业务人员转发或者自发企业产品招商信息进行招商的方法。此招商方法同样广泛适用于各类企业，发布招商信息可利用的形式主要有公众号软文、图片、小视频及外部链接 H5 等多种形式。

优点：费用低，信任度高。

缺点：传播面有限，图文质量要求高。

方法七：老客户转介绍招商法。利用企业现有客户的人脉资源，通过老客户对周边资源关系客户的推介，实现新产品在新的区域进行招商。此方法适用于已建立相应渠道的企业，也适用于在建渠道时间不长的企业。

优点：达成率高，沟通成本低。

缺点：覆盖面窄，后期管理难度大。

方法八：竞品业务人员转介绍招商法。借助竞品业务人员所掌握的客户资源，通过竞品业务人员的推介或者转介绍，来寻找已有未发现的潜在客户，实现企业招商的目的。此类方法适用于市场刚起步的企业招商使用。

优点：达成率高。

缺点：覆盖面窄，客户质量不高。

方法九：业务人员拜访招商法。主要是利用业务人员已有的人脉资源或者业务人员的业务能力，安排业务人员到所管辖区域通过对经销商的拜访和业务合作谈判来完成产品的招商。此类方法适用于相对有市场渠道基础，需要进一步扩展渠道的企业。

优点：达成率高。

缺点：费用高，速度慢。

方法十：短视频 & 自媒体招商法。和利用专业的互联网招商平台进行招商有类似的地方，不同的是此类招商方法主要是利用现阶段流行和受众较多的自媒体平台，如视频类的抖音、快手等，文案类的小红书、头条号等自媒体来发布招商视频或者文案进行招商。此招商方法适用于各类企业。

优点：传播量大、费用少、形式多样、易接受。

缺点：制作要求高，转化率低。

另外，李维峰认为，招商方法没有严格意义的好坏之分，只有适合与不适合之分。企业发展起步不同，招商方法也不尽相同；时代和客观环境不同，招商方法也不相同。尤其在互联网高速发展、渠道多样化和新媒体层出不穷的今天，企业招商的方法有了更多的选择。因此，企业需要主动采取不同的招商方法来应对这种变化，只有玩转、玩好这些方法，企业的招商工作才能事半功倍。

第三节 如何组织召开新产品发布会

吉事利食品有限公司的新产品冰糖雪梨饮料即将上市，根据公司的新产品上市计划，准备组织召开一场新产品的发布会，开启新产品的上市工作。此工作安排给营销部由区域市场新升迁的王凯负责落实。接到工作时王凯很兴奋，也有决心组织好一场新产品发布会。王凯清楚过去自己虽然在区域市场也召开过新产品发布会，但是这些发布会都是公司营销部把前期工作做完，自己只要执行就行了。此次由自己全权来组织公司的新产品发布会，这和过去开新产品发布会不一样，自己还欠缺很多经验。为此，王凯决定拜访自己的老领导李总，一方面看看自己的老领导；另一方面顺便取一些“经”。

对于王凯的到来，李总非常高兴，在经过简单的寒暄后，王凯把公司安排自己组织召开冰糖雪梨饮料新产品发布会的事向李总做了汇报。对于如何组织开好公司的新产品发布会，需要做哪些工作、如何做，王凯希望李总能给自己传授一些经验。对于王凯的请求，李总欣然答应，结合自己在工作中的实践和认识，就如何组织召开新产品发布会给王凯一一道来。

一、明确新产品发布会的目的

公司组织召开的新产品发布会一方面是企业新产品上市的发布会和宣传会；另一方面是企业新产品上市的招商会。其目的有三：一是通过发布会为新产品上市营造氛围和声势；二是通过发布会让客户了解产品，了解企业新产品上市的策略、计划和上市的推广方案；三是利用发布会现场的气氛完成新产品的招商和订货工作。

二、做好发布会前期的准备工作

“凡事预则立，不预则废。”不管企业的发布会在企业驻地召开还是在展会上召开，要组织好一场新产品发布会，不能打无准备之仗，必须做好事前的准备工作。只有准备充分，新产品发布会才能按照预期达成理想的结果。新产品发布会前期的准备工作主要包括以下几个方面：

（1）在发布会召开前和业务人员及会议参与人员进行会议前沟通。确定相关人员的工作分工，并将会议精神贯彻到每一位与会的业务人员，以便按照发布会会议主题开展相关工作。一般而言，要在发布会前一个月做好相关的工作。

（2）广泛搜集意向经销商的信息，建立数据库。需要说明的是，意向经销商不仅要有合作的意愿，还要有合作的基础条件（满足新产品的渠道和资金需要），最好意向经销商能和业务人员有一定的客情关系，这样新产品发布会的效果才好。

（3）公司招商系统相关资料的准备和完善。主要包括产品手册（行业分析、市场发展前景、新产品价格、卖点、功能介绍、消费者提问与回答等内容）、市场政策（新产品上市计划、市场促销活动、预估销量、代理商激励政策等）、经销商协议等。这样在发布会的现场，才能让客户进一步了解企业的新产品和上市战略。

（4）发布会宣传物料的准备。主要包括发布会会场各项物料（如会议手册和订货单）、户外广告、媒体视频资料、企业展厅物料、氛围营造所需物料、企业的纪录片、企业简介及招商会上的讲解内容的幻灯片等。这些材料的准备一方面可以向客户不断地灌输产品信息；另一方面可以展示企业的形象，让客户了解企业，增强客户对企业的信心。

（5）企业发布会会议场所的确定、装修（发布会背景墙设计或制作）和产品陈列时间的确定。

（6）发布会食宿地点的选择与确定，以及交通工具、发布会各项配套设备设施、礼品或纪念品等的准备。

（7）参加发布会的企业领导人员、特邀嘉宾（培训专家、新闻媒体人员等）及主持人的确定。需要说明的是，新产品发布会要想取得预期的效果，媒体的宣传是不可缺少的，因此一定要邀请相关媒体平台的人来参加新闻发布会，这样会后他们才能报道，进而扩大新产品的传播范围、知名度及大众的认可度，从而达到召开新闻发布会的目的。

（8）邀请函的准备。邀请意向客户参加产品发布会的邀请函可以是纸质的，也可以是线上 H5 电子版的。

小提示：准备越充分，成功的概率越大。

三、清楚发布会的实施步骤和方法

前期的准备工作是后期发布会成功召开的基础，进入发布会的正式实施阶段，作为组织者重点要按照相关的步骤和方法开展相关工作，主要明确以下几点：

（1）确定会议的时间、地点后，针对目标客户发出邀请函，主要是指订货、招商政策、现场会议的流程时间表，邀请的时间一般提前3~5天为宜。

（2）发布会会场的新产品陈列、展示、主题和口号准备。

（3）发布会分为会前、会中、会后三部曲。要做好会前的准备工作；要制定好会议的日期、会议的主题，会议的主题主要是造势和煽情；会后要做好总结和跟踪落实工作。

（4）确定参会人数。确定参会经销商人数，做好后续订房、订餐位等一系列工作。

（5）确定会议议程。主要包括签到时间、大会开始时间、领导致辞、产品介绍演示、观看广告片、参观新产品展示、宴会、订货、订货结果宣布、订货状元评奖、文娱节目、会议结束时间、撤离酒店时间等。

（6）确定费用预算。费用预算主要包括会务费(包括住宿、宴会会场租金、设备租金等)、现场布置费用(展台布置、展板制作、大型喷绘、产品陈列架制作、条幅等)、媒体报道费用(邀请媒体人员费用、制作费、播出费、刊登费、礼品费等)、临时人员劳务费、其他费用，一定要做到费用先行。

小提示：好的流程，意味着好的结果。

四、注重发布会的相关细节

成功源于细节。一场发布会效果的好坏，细节很重要。组织新产品发布会，组织者还需要重点关注以下细节：

1. 要策划有创意的主题

在决定举办新产品发布会后，随之而来的便是确定发布会的目标、性质和主题。策划有特色和创意的活动，一定要配合新产品的特点来设计与安排，一定要有明确的目的和确定的目标对象。需要注意的细节是：

第一，成功的发布会并不是多么高端、多么奇特，一定要紧紧围绕主题展开，鲜明地突出这个主题。新产品发布会主题的拟定需要根据新产品的特质与属性，要蕴含品牌自身的内涵。如知名的奢侈品牌，其主题必然与时尚、高端等元素挂钩，以便更好地体现出品牌的气质与风格，同时注重场景氛围的设计及时尚明星的参与。

第二，创意是发布会的灵魂，让发布会不枯燥乏味，就需要用创意来让发布会充满灵性。这些创意可以体现在会场的选择与布置上，也可以体现在灯光音响设备的效果、舞台美术、表演内容等环节的具体内容上，总之要杜绝雷同；还可以运用一些新元素或者流行元素，体现时代性与主题个性，从而让发布会充满更多亮点。

第三，最重要的一点，发布会的主题和目的确定后就开始进行活动创意，看什么创意是可执行的，就开始着手准备。活动从提议到创意，开始的时候尽可能进行讨论，到创意终止的时候，活动的具体内容一定要落实在文字上，不能只停留在口头上。

2. 要做好发布会的时间选择

新产品发布会选择的时机很重要，毕竟市场存在淡旺季，只有在旺季之前做好铺垫工作，才能在旺季到来时把握市场的实际情况。与此同时，发布会的时间也有讲究，这样才能取得好的效果。

需要注意的细节是：一是选择新产品发布会的时机要好，不要拖；二是注意避开重大节日和社会活动；三是避开市场的旺季；四是发布会召开的具体时间尽量不选择在上午较早的时候或晚上。一般而言，新产品发布会大都选在上午十点或者下午三点。

3. 要注意新产品发布会场所的选择和布置

场地的选择多种多样，可以根据发布会的规模、档次来选择合适的场所，既可以选择室内，也可以选择室外。从企业的形象与目的出发，如果要体现重要性，可以选择高档的酒店会所；如果要体现学术性，可以选择专业、权威的学术机构；同时场所的选择还应考虑发布会布置、内容的需求，如背景板、显示屏、舞台等设施的空间范围。需要注意的细节是：

一要选择环境好、空间足够大的会议室。环境好会让参会人员感觉到举办方的实力和对参会人员的重视，空间大会让每一个到来的客户有充分的时间体验和使用产品，配置足够多的市场人员可以帮助客户更深入地了解。

二要交通便利。为了方便来宾的到访，发布会的场地还需考虑到周边的交通及住宿等条件，避免因为找不到而缺席，以及因为交通路线太麻烦而影响心情。

三要提前预订，不要临时变更场地。提前预订是避免会议时间找不到合适的会场，不要临时变更场地是为了避免打乱参会人员的计划。

四要注意会场设置。一般而言，会场布置细节是：酒店门口拱门、横幅及吊旗布置，会场周边主要通道、楼梯、护栏欢迎横幅的悬挂，要保证悬挂到位；会场内背景、横幅、嘉宾台位、投影等设备的布置，要确保会场内各种设备的齐全、安全与可用性和性能稳定、有效地发挥效用；酒店入口签到处、背景牌、拐角水牌的摆放；为营造轻松、愉悦的氛围，可以适当布置一些花卉，最重要的是注意安全。

4. 发布会现场要注意控制时间

发布会环节不宜太多，环节需要有所侧重。时间太长，台下观众的注意力也不会集中，观众容易流失。时间太长，主办方需要考虑是否给参会人员供餐，从而增加发布会的复杂度和成本，发布会整体时长最好控制在 4 小时以内。一些重要环节上，比如介绍新产品，可以设置较多时间，对于不太重要的环节，如开场演讲宜控制在 10~15 分钟，点到为止即可。

需要注意的细节是：

第一，将发布会的环节确定后，为控制时间要制成一个发布会流程表，确定时间要求几点几分到几点几分分别是什么环节，该流程表可用于当天的环节控制，也可用于通知参会人员当天的活动安排。

第二，为了控制时间，新产品发布会上各嘉宾的讲话内容要确定。如公司领导讲话内容的要点要放在欢迎和致辞上；销售总监讲话的内容重点是：新产品上市计划的简明介绍（市场背景分析），新产品价格、卖点、功能介绍及现场演示，市场销量分析和销售支持，经销商激励政策和考核标准等内容；市场总监讲话内容的重点是：推广宣传物品的展示和使用说明，新产品上市推广要求，经销商促销活动宣导等。

5. 发布会过程中要注重和经销商的互动

发布会的主角不仅仅是品牌，更是品牌背后默默支持的每一位客户。不与受众人群深入互动的新产品发布会，往往会变成一种传统推广仪式，新产品理念很难深入人心，如果能激发核心客户的参与感和惊喜感，往往会带来意想不到的效果。

需要注意的细节是：召开发布会时要注重台上与台下的互动，如互动环节中，可以采用大屏互动系统强化客户的参与感，通过弹幕、消息上墙等跟主持人即时沟通，省去了以前话筒传来传去的麻烦；在订货环节可以设置有奖激励以活跃现场气氛，时不时通过经销商订货信息公布来渲染气氛；还可以设置现场互动小游戏来带动气氛。

> 小提示：细节决定成败。

五、发布会后要注重总结和复盘

发布会后的总结和复盘，是为了总结经验，找出不足之处，并及时修正，是为了更好地提高，而不是秋后算账。主要从以下几个方面开展：

（1）销售部门做发布会后订货的统计工作，分析成交与失败的原因，不是客观地讲，而是要将细节、过程讲出来，供大家借鉴。

（2）市场部门做好发布会宣传效果评测，核对媒体宣传发稿情况，及时整理记录材料，为有需要的媒体提供现场的文字、图片、影像材料，立卷归档，搜集各媒体报道资料，追踪媒体和市场的反应，对偏差和不良反应及时应对纠正，与媒体保持联系，搜集刊发样报、样刊、样片，及时表示感谢。

（3）会务组的总结主要是针对发布会的流程是否合理、现场气氛是否达到预期、主题是否鲜明。

（4）业务人员主要做好发布会后具体的执行工作，有订单的要做好售后服务，并利用老客户发展新客户；没有订单的要电话回访跟踪。

周密准备，突出亮点，做好细节，从容有序，同时做到个性化与人性化的结合，是成功举办一场发布会的重要法门。

小提示：总结和复盘是为了提高，而不是秋后算账。

附件：感受激情，××××总有新创意新产品发布会活动方案

一、活动主题

感受激情，××××总有新创意。

二、主办单位

上海××××股份有限公司。

三、活动时间

201×年××月××日（周四）上午8：30—11：30。

四、活动地点

多功能会议厅。

五、会议议程安排

表 2-1　会议议程安排

时间	相关内容
AM8：30	人员到位，包括主持人、礼仪人员、各参与单位的相关人员等
AM8：35	开始布置场地 活动现场接待嘉宾，来宾登记，并发放抽奖礼券 有嘉宾入场，现场就开始播放背景音乐，打开投影画面以烘托气氛
AM10：00	正式开始，由主持人念开场白及介绍来宾和活动的有关事宜
AM10：05	领导致辞，并说明举办本次会议的理由及相关情况
AM10：10	公司领导与嘉宾共同拉开新产品幔布，并请领导讲话
AM10：35	新产品宣讲之一（新产品介绍）
AM10：40	现场提问、派发小奖品（主持人提问、备题）
AM10：45	领导抽取来宾三等奖 20 名，并颁奖（播放背景音乐）
AM10：50	新产品宣讲之二（新产品运用——经理）
AM10：55	现场提问、派发小奖品（主持人提问、备题）
AM11：00	领导抽取来宾二等奖 8 名，并颁奖（播放背景音乐）
AM11：05	节目表演（热舞）
AM11：10	现场客户互动节目（暂定 10 分钟，可视具体情况而定）
AM11：20	领导抽取来宾一等奖 2 名，并颁奖（播放背景音乐）
AM11：25	指定客户现场签约仪式（可选 5 个），赠签约礼品活动（经销商签约）
AM11：30	会议结束，来宾合影（背景音乐），并发赠房卡及会餐

六、场地布置布展

（1）酒店正门大堂内。接待人员佩戴单位绶带迎宾，设标明会场、休息厅、餐厅、礼品发放处等地点的指示牌。

（2）宾客接待台。设接待人员2名，登记来宾，发放会议标准资料袋和参会企业画册，并配2名礼仪向导。

（3）酒店门口和会议厅门口摆放X展架、新产品写真帖和公司大型宣传广告牌。

（4）巨型喷绘做主会场背景墙，舞台两旁各放一个产品展架，幔布遮盖，演讲台正面贴公司标志，上面摆放笔记本电脑、麦克风、鲜花。

（5）会场演讲台两侧摆放花篮各2个，走廊前台两旁摆放X展架。

（6）主席台和各座位贴编号和台签，桌上摆放茶杯和纯净水、文件夹DM封尾页、贵宾名签。

（7）企业宣传片或纪录片及产品宣传幻灯片等视听材料。

（8）调试好音响设备，指定录像人员。

七、参会应邀人员

（1）邀请嘉宾：总公司领导、×× 领导等。

（2）经销商代表：所有应邀客户单位代表（200人左右）。

（3）邀请媒体：×× 日报、×× 电视台、×× 网络媒体、×× 直播平台等共20人。

八、发布会组织

（1）组委会组长（负责整个活动）。

（2）协调组（由销售部门组成，负责各小组的工作协调）。

（3）外联接待组（负责联系来宾、来宾登记、礼品发送、资料袋的发放及各种接待工作）。

（4）新闻组（媒体发稿、媒体接洽礼品费用支付）。

（5）场务维护及服务组（确保现场、设备能够正常使用，排除外界干扰）。

（6）广告宣传组（由策划公司与研究所市场部、销售部共同组成）。

（7）后勤组就餐（主要负责来宾、经销商的餐饮服务和住宿服务安排）。

九、发布会资料袋内容

（1）会议手册。

（2）新产品文字资料（招商资料）。

（3）相关图片、笔、信笺。

（4）餐券和礼品券。

（5）提供给媒体的资料。

会议时间项目安排流程、新闻通稿、演讲发言稿、发言人的背景资料介绍、公司宣传册、产品宣传资料、有关图片、纪念品礼品领用券、企业新闻负责人名片（新闻发布后进一步采访、新闻发表后寄达联络）和空白信笺、笔（方便记者记录）等。

十、发布会筹备和所需物品（略）

十一、发布会筹备

（1）礼品设计方案，签到礼品300套（含资料）、签约赠品10套的购买准备、投影主画面PPT的制作。

（2）热舞节目的编排组织及演出，主持人选定邀请，贺卡模特的邀请组织，确定礼仪人员及服装，抽奖券、抽奖箱的制作。

（3）会场布置的设计方案，现场的提前安排组织及布设、调查函的印制、小礼品及圆珠笔、宣传资料准备、签约台准备及布置（邀请嘉宾及当地新闻媒体记者、活动拍照 / 摄像、领导致辞稿件的撰写）。

（4）业务宣讲备稿、PPT 制作、答题备题各 5 个。

（5）现场签约仪式客户的指定、客户签到礼品发放（销售部）。

（6）投影及电脑安排、设置、播放，与宣讲人配合（市场部）。

（7）现场提问小礼品准备（10 套，价值 50 元左右）、抽奖礼品（一、二、三等奖共计 30 个，价值分别为 400 元、200 元、100 元左右）、现场互动节目安排及准备（工会、礼仪、签约台接待）、迎宾（4 名礼仪）。

（8）音响准备、现场音乐播放、灯光（后勤组）。

十二、会场所需物品

表 2-2　会场所需物品

品名	数量	用途
调查函	300 份	发给现场客户及来宾
易拉宝	20 条	布置会场两边，展示新产品、数据库营销方式等内容
气球门	1 座	用于会场入口处
盆花	50 盆	围绕主席台，点缀现场
竖幅	若干条	用于会场周边及售楼处周边
来宾礼品	300 个	用于赠送签约客户
手提袋	若干	用于宣传资料发放
宣传海报	若干	用于新产品宣传
音响设备	1 套	供会场使用
抽奖券	300 张	供抽奖用

续表

品名	数量	用途
抽奖箱	1 个	供抽奖用
签约礼品	10 套	赠给现场签约的客户单位代表

注：领导、嘉宾及媒体记者礼品由办公室安排另送。

十三、会场人员就位

（1）礼仪小姐（6 人，会场门口）。

（2）模特（4 人，会场）。

（3）主持人（1 人，会场）。

（4）舞蹈演员（10 人）。

（5）摄影师及摄像设备（1 人、1 套，场内）。

（6）数码相机（3 人、3 部，场内）。

十四、发布会邀请人员清单（略）

十五、发布会费用预算

会议厅日租金	3000 元
礼品奖品	10000 元
文件资料打印费	2000 元
设备租金	2000 元
鲜花	3000 元
横幅	3000 元
宣传广告板	2000 元

背景展板喷绘	500 元
矿泉水	1000 元
服装	2000 元
急救药品	500 元
酒店房间	30000 元
会餐费用	50000 元
其他	10000 元
共计	119000 元

第三章

市场篇

第一节 新产品上市需要做好管理工作

每一个新产品的成功，都闪耀着智慧的光芒，从它上市策划开始，每一个阶段都有可圈可点之处。

有“小总经理”称号的严海峰作为A生物科技有限公司的产品经理，是从一线的销售人员成长起来的，经过3年多的市场磨砺，一路从销售经理走到了市场部经理的职位，如今，在产品经理的工作岗位又干了近3年的时间。在担任产品经理的3年，严海峰先后负责企业5款新产品的上市工作，既品尝了新产品成功带来的喜悦，也感受了新产品失败带来的沮丧。通过这些年对新产品上市工作的实践总结，严海峰在新产品上市工作方面积累了宝贵的经验，也形成了自己对新产品成功上市的心得。

严海峰认为，新产品上市是一个系统而复杂的工作过程，从前期的市场调研、产品定位、卖点挖掘到后期的销售执行，以及检查改进、品牌维护、深度分销等，哪一个环节出了问题都有可能直接导致新产品上市失败。因此，一个新产品成功上市不仅要做正确的事，还需要正确地做事。结合自己的经验，严海峰对新产品成功上市需要做好哪些管理工作做了如下总结。

新产品上市的整个流程大致可分为：产品构思阶段、可行性研究阶段、准备上市阶段、产品上市推广四个阶段。各个阶段根据实际情况和所处的开发环节不同，其决策标准的设立内容和要求不同，管理的要求也不同。

一、产品开发阶段

产品的构思和可行性研究阶段是新产品上市的初期阶段，处于新产品的开发阶段。在这个阶段管理工作的重点应放在以下三个方面：

1. 建立新产品开发的组织机构

产品开发是一项复杂而细致的工作，需要供应、生产、技术、财务、销售等部门的紧密配合，形成一个相互协作的团队。建立新产品开发专门的组织机构是为了保证新产品开发工作有序运转，捋顺各个部门之间的关系，提高产品开发的工作效率，保证产品研发质量的可靠性。很多企业在新产品开发工作中缺乏产品开发的管理组织机构，因此也就缺少相应的新产品开发的管理制度、新产品开发的审批流程和新产品开发的相关程序等，从而使新产品开发带有主观随意性、盲目性和管理混乱，使新产品开发从创意搜寻、范围确定、可行性研究到开发实施、测试，再到上市及上市后的评价等，每个环节都可能存在漏洞。

2. 制定好新产品的开发战略

对于任何一个行业来说，战略至关重要，正确的战略是新产品成功上市的基石。只有成功战略里的细节完美才能创造成功。如果缺乏清晰的新产品开发战略，新产品开发就会缺乏方向。制定新产品的开发战略是为了让企业看清楚行业的大气候和发展趋势、方向，找到新产品开发的方向，也是为了让企业明白自身的资源和实力，知己知彼，量力而行，避免企业在新产品开发上走弯路。

3. 做好前期细致的市场调研

任何企业要开发出适销对路的新产品，都离不开深入细致的市场调研。新产品开发前期的市场调研主要是深入研究消费者，确定目标消费者及核心需求，了解市场上竞争对手的产品的品质、包装（或造型）、口味（或性能）、价位，充分收集有求新求异观念的消费者（指新产品的首批购买者）的资料，分析这些消费者对新产品的市场反应，包括产品在市场销售上存在的优劣势和消费者潜在的市场需求，洞察出隐藏的消费需求。这样新产品开发人员才能根据调研的结果，在广泛征求市场销售人员、经销商和消费者意见的基础上，开发出有市场需求的新产品。

小提示：不仅要发现显在需求，更要发现潜在需求。

二、产品准备上市阶段

不打无把握之仗。一个新产品上市之前要做很多的准备工作，准备越充分，成功的可能性越大。

1. 确立新产品上市的基本策略

在新产品上市之初，营销部门要进行详细的市场规划，并且确定一些基本的上市策略，以便在上市过程中严格遵循。这些策略主要包含以下内容：

①明确的目标消费者定位。在营销过程中必须得到体现，所有环节的投入都是围绕目标消费者展开。

②促销策略的确定。消费者沟通、渠道通路及消费者促销，必须有明确的计划和思路，并能够产生促销作用，提高购买率。主要表现在媒体广告支持是否有销售力、终端的陈列展示、陈列的质量和数量、赠品的策划和配送、促销人员的知识态度和技巧、分销覆

盖水平、促销的落实等的预先策划。

③渠道策略。主要是根据新产品的定位，确定新产品经销客户的选择标准和要求。

④宣传策略。主要是广告宣传文案的确定、宣传媒体的选择及广告投放的策略。

⑤产品价格策略。主要是各级分销体系、产品价格体系的确定，包括出厂价、批发价及零售价。

⑥终端渠道的管理。主要包括价格、进货量、陈列量和位置、促销进入、结算、合作的方法、联合的促销办法等。

⑦市场保护策略。如地区专销代码、防伪、价格控制、监督等。

⑧销售管理团队组建。销售管理团队组建不能仅仅局限于生产商和经销商，还要保证分销商拥有高效率的销售执行团队，要进行必要的培训，统一文化，统一执行，统一销售，市场运作的工作流程。

⑨其他相关新产品详细的市场调研策略和内容纲要。

2. 试销和样板市场区域的选择

为了确保新产品上市成功，需要在某些区域试销，以便测试市场。即使是对一些实力雄厚的公司而言，这样做也是十分必要的。与此同时，企业还需要选择一些市场作为样板市场，用于验证新产品，锻炼销售队伍，总结新产品推广经验并复制到其他市场。

3. 新产品上市的激励措施和管理制度

好的新产品，完美的新产品营销方案，有效的执行是关键。新产品成功上市，需要业务人员和经销商的共同努力和积极参与。因此，制定新产品的激励措施和产品上市管理制度非常必要，激励措施的目的是充分调动业务人员和经销商的积极性，严格的管理制度的目的是保证在新产品上市过程中各项市场动作能够执行到位。

三、产品上市阶段

做好充分的上市准备，并且确定了基本的上市执行策略后，就进入市场开拓的实际操作阶段。主要步骤及执行的要点简述如下：

1. 目标市场的市场调查

主要调查以下方面：通路状况，如经销商的经营能力、经营质量，是否适合自己的产品运营，零售商的业态和数量分布，在不同类别的零售商处可能的销售分配比例。

媒体的调查，如电视、报纸、电台、户外、网络及其他媒体的分布特征、同类产品的媒体组合策略、目标受众接受媒体信息的特点。

此外，还有政府部门的调查，消费者的调查，竞争对手的调查，当地市场的人口、经济、地域分布调查等。

2. 进入市场的策略选择

前期的总体产品营销策略是一个总体策略，不代表所有的产品进入市场都要采用同样的策略。因为每个市场都有自己的特点，面临的竞争态势通常会有所区别，比如竞争对手的数量、竞争力大小、投入的策略、配备的资源、经销商的能力、销售团队的战斗力、零售业态的分布、媒体的特征、消费者的购买心理等。因此，进入市场的策略要在总体营销策略的指引下，要灵活地应用到当地市场。这些入市策略主要有：正面攻击、侧翼战略、强势终端、强势媒体策略等。具体采用哪一种或者哪几种，要视自身的资源及竞争态势决定。

3. 制订详细的铺货计划

产品的陈列质量、铺货的深度和广度，始终是评价经销商及销售人员工作质量的重要内容，是直接影响新产品运营成功与否的关键因素之一。具体铺货计划的内容如下：

①确定产品的铺货率。首先应该确定目标铺货点的定义，并制定铺货率标准。需要注意的是，单一的铺货率并不能够完整地体现

铺货的质量，要综合考虑产品进入的目标零售点的面积及同类产品的销量。

②确定与零售商对应的产品上架标准。这是进行有效分销的重点内容。即在产品的一系列组合中，对于不同的零售业态，如大卖场、中型连锁卖场、食品商场、便利店等类型的零售商销售的产品规格应该有所不同。

③考虑产品陈列促销需要的合适首批铺货量。在产品推广过程中，需要特别考虑堆头、专柜、促销、季节等因素，制定合理的铺货量，以便能够有效地执行终端营销策略。

4. 制定科学的入市执行步骤

主要是铺货后的跟进工作，如分销商的培训、促销的培训、铺货的检查和强化、宣传品的有效使用、媒体计划的执行与评估、市场推广活动的计划、市场信息的收集和反馈、进行的策略评估及执行修正等。这些步骤看起来比较教条，但是十分必要。它使执行上市管理人员对上市的一些关键过程有系统的思考，而且能够依据这些过程进行一些必要的跟踪，特别是对影响上市执行的关键步骤可以进行监控，确保落实。

5. 目标市场的媒体策略和组合计划

对于快消品营销而言，媒体的策略、媒体组合计划及媒体的执行十分关键。需要注意的是，不同的产品，需要采用相同的媒体策略和媒介组合计划。因此，根据市场和产品的特点选择及制定策略并加以有效执行是十分关键的。良好的媒介策略和执行，不仅可以提高媒体效果，极大地增强传播对消费者购买的影响，还有助于控制媒体费用投入的风险控制。

6. 零售终端的管理

快速消费品素有“得终端者得天下”的说法。由于终端数量有限，围绕零售终端的争夺十分激烈。一般而言，对于零售终端的管理涉及多个层面，比如零售终端的销售管理、陈列管理、促销管理、库存和补货管理、价格管理、存货周转管理等。

7. 新产品价格政策的管理

价格或者政策是核心策略的组成部分，对于维护当地市场的稳定和良性持久发展十分重要。随着零售终端力量的进一步加强，零售终端的促销和相互之间的价格战屡见不鲜，给经销商和厂家带来了很大压力。因此，在零售终端层面，要加强品牌的力量及对于消费者的吸引力，稳定保持产品给零售终端创造盈利的能力，通过加强与商品采购人员的谈判并建立好的客情关系是稳定零售市场价格的主要方法。有一些企业开始在不同的零售渠道销售不同规格和价位的产品，这些都是可以借鉴的方法。

经销商的价格冲突相对而言管理要容易一些，可以通过制定统一的价格体系、窜货处罚政策及返利政策来进行约束。

搞好价格管理，不仅要与经销商充分沟通，还要在销售团队内部统一思想和认识。同时，企业的决心是非常重要的，制定的政策必须得到100%的贯彻和执行，否则不会有效果。

8. 新产品上市后的总结

新产品上市充满很多不确定性，但是新产品上市不论成功与否，都会留下宝贵的经验。对新产品的成败得失要总结得清清楚楚，以便后期的调整和提高；通过总结，对新产品上市过程中优秀的员工和领导要给予奖赏，对在工作中拖公司的后腿，不服从管理的员工给予批评和处罚，明确制度的严肃性，以便后期工作更好地开展。

第二节　新产品销售渠道的建设和维护

“产品的特性、价格、定位不同，产品的渠道就应该有所不同，高端产品先选KA渠道，休闲食品先选学校、网吧或者KTV等网店渠道，名优产品先选名烟名酒店和专卖店渠道，特色产品则先选特产店渠道。”这是A公司李经理常挂在嘴边的话。作为A公司的营销经理，李经理能征善战，思路清晰，为A公司的发展立下汗马功劳。此次，再度在公司的新产品A杂粮饼干的上市过程中，通过对新产品消费人群、产品价格和产品特性的准确定位，采取短渠道，走特产专卖店的渠道，调整经销商、产品价格等举措，在短短的半年时间，一举扭转了A杂粮饼干在刚上市不久后的颓废局面，让企业的新产品再度焕发青春，成为市场的畅销产品。对于此次新产品的成功上市，李经理的总结是优良的产品是成功的基础保证，而渠道的正确选择则为产品的成功上市锦上添花。对于新产品的渠道工作如何做，李经理是这样总结的……

李经理认为：“优良的渠道是新产品入市的保证。不少企业新产品上市难以成功，大都是渠道策略上的失误所致。”要想做好新产品渠道的选择和建设成功，必须做好以下工作：

一、正确认识渠道

1. 渠道的定义

渠道是什么？所谓渠道，就是产品流通或者销售的线路，形象的比喻就是水流向何处的路径。因此，我们常说："渠道是产品流动的路径。"一般而言，渠道主要包括制造商（生产企业）、经销商、零售商和消费者等成员。

2. 渠道的特性

渠道作为产品的销售路径，其在产品销售中有着以下特性：

第一，有限性。渠道作为一种资源是相对有限的，好的渠道是企业竞争力的体现。要利用好和选择好渠道，需要的不仅仅是企业自身的实力，还需要能够实现。好的渠道会为企业的发展带来推力，反之则会带来阻力。

第二，长短和主次性。根据各个渠道环节的多少和渠道在产品中的重要性，渠道有长有短、有主有次。主渠道是战略定位，解决好了主渠道，分渠道才能正常流动。不同的渠道带来的效果不同，没有最好的渠道，只有最适合的渠道。

第三，选择性。什么样的渠道卖什么样的产品，不同的营销模式会选择不同的渠道，所以渠道很多时候是一种模式、一种定位。渠道的不同方式代表着企业的消费人群的定位和选择，也意味着企业在各个环节利益分配方式的不同。

第四，后天性。任何企业都没有天生的销售渠道，每一种渠道的形成都需要对渠道进行必要的设计和建设。渠道的建设不是一蹴而就的，也不是一劳永逸的。因此，渠道需要开发，渠道需要维护，渠道需要管理。

3. 渠道的分类和优劣对比

渠道有长短、宽窄，不同类型的渠道有各自的特点和优劣势，不同的产品特性也直接影响分销渠道的长度、宽度和广度。

第一，渠道长短的分类和优劣势对比（见表 3–1）。

表 3–1　渠道长短的分类和优劣势对比

类型	短渠道	长渠道
特征	产品直接到达消费者（零渠道）或只经过一道中间环节的渠道	产品经过两道以上中间环节后到达消费者手中的渠道
优势	缩短产品的生产周期，增强产品竞争力；有利于减少商品损耗，总体上节省流通费用；有利于开展售后服务，有利于生产者和中间商建立直接、密切的合作关系，维护生产者的信誉	渠道长、分布密、触角多，能有效地覆盖市场，从而扩大产品销售，有利于商品远购远销，在全社会范围内调剂余缺、沟通供求
劣势	减少中间环节，增加直销费用，生产商需要大量的投入。没有降低产品价格，反而增加了价格，不利于生产企业大批量组织生产	环节多，销售费用增加，不利于生产者及时获得市场情报和迅速占领市场
产品	专业性较强的产品、鲜活商品、体积大的笨重商品。最常见的是快消品、生鲜食品、农产品、IT 产品等	非易腐、易损商品，价格低、选择性不强、技术要求不高

第二，渠道宽窄的分类和优劣势对比（见表 3–2）。

表 3–2　渠道宽窄的分类和优劣势对比

类型	超窄渠道（独家分销）	窄渠道（选择分销）	宽渠道（密集分销）	超宽渠道（多元化分销）
特征	一地一家分销商	一地几家分销商	一地所有分销商	一地多种渠道
优势	控制渠道容易，分销商竞争程度低，节省费用	控制渠道较易，市场覆盖面较大，顾客接触率较高	市场覆盖面大，顾客接触率高，充分利用中间商	同宽渠道
劣势	市场覆盖面小，顾客接触率低，过分依赖中间商	分销商竞争较激烈，选择中间商难，费用较低	控制渠道难，费用高，分销商竞争激烈	同宽渠道
产品	高价值商品、特殊商品	高价商品，选购商品方便	日用商品	日用商品或其他商品

二、确定一个评价标准

渠道作为“四大天王”之一，没有所谓的好坏和优劣之分，只有适合与不适合的区别。作为新产品，无论选择什么渠道，各生产厂家有自己的尺度，都有自己的一套衡量渠道好坏的标准与要求。这个判定的标准和要求只有一个，就是能够适合产品的定位和特质，能够持续销售、扩大产品的影响力的渠道就是好渠道，这是评价渠道好坏的唯一标准。

三、了解渠道建立的四个原则

原则一：匹配性原则。任何渠道都要用合适的产品去放置，要分析渠道的贡献率和匹配度。因此，企业在选择渠道时要充分考虑产品的特性和定位等相关因素，做到渠道与产品相匹配，产品与渠道相适应。

原则二：效益最大化原则。企业选择任何一种渠道模式，目的在于提高产品流通的效率，不断降低流通过程中的费用，使产品在渠道的各个阶段、各个环节、各个流程的费用合理化。这能够降低产品成本，取得市场竞争优势，并获得最大的效益。

原则三：优势最大化原则。企业在选择渠道时，要注意发挥企业的特长，并依据企业的特长，使选择的渠道网络模式能够达到最佳的经济效益和取得良好的客户反映，实现企业优势最大化。同时，企业要注意通过发挥自身的优势来保证渠道成员的合作，贯彻企业自身的战略方针与政策。

原则四：市场覆盖性原则。企业在选择渠道模式时，在考虑效益和优势的同时，还应考虑渠道能不能及时、准确地将产品销售出去，是否有足够的市场覆盖率支持针对目标市场的销售任务。

四、掌握新产品渠道建设的步骤

新产品的渠道建设包括由表及里、由浅入深、由点到面、从突破转向系统四个过程。一般而言，新产品的渠道建设可以分为五个步骤。

第一步，做好新产品的经销商选择工作。选择合适的经销商作为渠道建设的首要工作，是新产品走向市场成功的基础。但是，在选择经销商时，需要清楚地知道，实力雄厚、网络健全的大经销商不一定是新产品的好经销商。新产品由于“新”，通常是没什么知名度的。好比一位养在深闺的大姑娘，要想给她找个好婆家是很难的。很多企业喜欢“攀高枝”，将辛苦培养的女儿强塞给人家，要么被人拒之门外，要么被束之高阁。如果经销商过于强势，不但掌控起来有难度，而且不利于营销政策的坚定贯彻和实施，搞不好还有可能反客为主，以手中的资源和优势向厂家提出不合理的要求，使自己陷入被动。因此，在为新产品选择经销商时最好“门当户对”，双方能“一见钟情”就更好了，这样会为后续的营销工作打下良好的沟通与合作的基础。

好的经销商一般要具备两个特征：一是要有一定的资金实力和拓展市场的能力；二是要有良好的市场营销观念意识和做好市场的强烈自信，即使经销商的网络覆盖力差一点也不要紧，可以通过“协销”的形式拾漏补遗，对销售网络加以补充。

第二步，做好新产品的价格管控工作。常言道：“无利不起早。”无论是经销商还是分销商、零售商，在接受新产品前最关心的就是价差，因为价差空间是一个新产品能否在通路上表现活跃的前提。一般新产品在出厂前就制定了合理的价差。如果销售网络中的各方都严格执行这个价差，当然最好。但激烈的市场竞争，往往容易造成价格混乱，竞争的最终结局是：谁也赚不到钱，谁也不愿卖了。因此，厂家必须时刻关注渠道网络中各层级的价差空间，并不时地通过各种手段对市场加以控制和调整，确保网络上所有成员得到合理的利益。

第三步，做好新产品的宣传工作。现在的经销商和终端商非常看重企业的广告投放力度。新产品上市如果没有宣传造势，不投入大力度的广告，或不采用多途径的媒体整合宣传，难以实现品牌信息的全面覆盖，这种传播诱惑不但要提高消费者对产品的认知度，而且对各级分销渠道成员提供了信心和期望的支持。通过对新产品开展宣传工作，增加这个新产品的曝光度，与此同时，也在一定程度上增加了用户的心理接受程度。在前期宣传好的情况下，不仅市场中的分销成员会加盟到你的产品销售渠道，还有可能激发一大批潜在的客户，从而大大促进销售渠道的建设。

第四步，做好新产品的市场拓展工作。在部分分销渠道成员加盟后，新产品开始进入市场。这时的消费者对新产品并没有信任度，甚至还不够了解。分销渠道成员也不会真的用心做你的产品，他们大都停留在观望阶段。这时营销的重心应该是通过企业营销团队对分销成员进行有力的终端辅助推广、有效的终端促销活动拉动消费，做好新产品的市场拓展工作，让市场成功突破，哪怕是局部的，这种由浅入深、从认识到现实的利益诱惑，才能真正树立起分销成员对你的产品的信心。

第五步，做好新产品渠道的跟进工作。市场有了突破，让大部分分销渠道成员看到了希望，但是这时新产品尚未形成盈利模式。分销跟进是新产品渠道策略的重点，分销渠道跟进的主要工作具体要落实到分销网络的进一步建立健全，实现由点的突破到面的扩张，通过多元化的渠道整合提高产品的铺货率和能见度，还要对经销商的库存管理、回款管理、售后服务、深度拜访、物流配送、终端理货和终端生动化管理等具体销售管理工作来贴近市场、跟进服务。分销跟进既是一个全程服务，也是全程掌握市场信息、竞争信息的过程。在分销跟进过程中，销售网络得到加强，产品销量得到巩固，市场信息得到反馈，销售系统在分销跟进过程中得到健康发展，完成了由点到面的突破。

通过上述五步，厂家在新产品切入市场的基础上，完成了对市场的成功突破，初步建立了分销渠道，在分销渠道跟进的同时健全渠道，并形成一定规模的销量和新产品认知度。当完成从渠道突破到渠道建设时，厂家就拥有了相对稳定的销售体系和初步的市场基础。

五、做好新产品渠道的管理、维护工作

渠道的建设工作完成后，后期的工作重点落实到渠道的管理与维护，这是渠道后期发展质量好坏的关键所在。

俗话说："攻城容易，守城难。"当新产品销售渠道初步形成后，必须高度重视渠道的系统管理与维护，如渠道的结构设置是否合理，渠道的系统设置是否完善，渠道的流程管理是否合理。在渠道推进过程中，一定会出现与原先的设计要求有偏离的情况，这不仅要对设计方案做调整，更重要的是，要对渠道建设完成后出现的品牌与销量的矛盾、渠道成员之间的矛盾、价差体系的矛盾、利益分配的矛盾、窜货问题、市场秩序问题、渠道管理成本上升问题、渠道成员的管理与激励问题、物流管理问题、现金流管理问题等进行不断的系统完善和阶段性的整顿调整，确保新产品销售渠道的健康发展。此外，还要对零售终端做大量、长期的规范管理和维护工作。具体做法是：

定期或不定期地委派营销人员对各营销渠道进行走访，了解与观察渠道现状，协助渠道解决一些实质性的市场问题与难点，以便及时调整营销方案。

定期或不定期的电话跟踪营销渠道，进行有效的交流与沟通，询问各种市场情况，收集渠道的信息反馈，以便为决策提供依据。

协助渠道进行新产品的推广与销售工作，为各渠道提供一定的

营销支持，确保渠道健康、良性、有序发展。

指导及监督渠道对公司的各种营销政策的执行力度，各种营销活动与方案的执行效果，确保营销渠道有的放矢，发挥渠道的最大优势。

对营销渠道进行定期或不定期的评估，对渠道进行综合、全面、完整的营销评估，确定哪些渠道是合理、实用的，哪些渠道需要调整或淘汰，确保渠道高效畅通，优化营销渠道。

第三节　新产品上市铺货如何做

"成经理，我快顶不住了，连续跑了五天，新产品只铺了一点点货，终端店都不订货……""成经理，实在是铺不动，经销商不配合……""成经理，我这边的新产品铺货工作也不顺利，你这边能不能给提供一些好的办法……"……新产品上市已经一周了，在这一周里成经理接到的一线业务人员电话，都是新产品铺货不顺利的消息。每次接完电话，成经理的心情都非常沉重，新产品铺货该怎么做呢？成经理陷入了沉思……

首先，和常规产品铺货相比，新产品铺货往往要在很短的时间内完成，时间紧迫是新产品铺货的显著特点之一，一般要求市场在三个月内完成前期的铺货任务。其次，速度快，新产品铺货要求企业集中优势人力、物力、财力来高效、快速地开拓市场，甚至有时候从其他市场抽调人员协助铺货。总之，快速完成铺货是新产品上市的先决条件。要做好新产品的铺货工作，需要做好以下工作：

一、避免新产品铺货的误区

1. 误区一：铺货目标不明确

主要表现在以下两个方面：

第一，目标过大，不切实际。

缺乏有效的市场调研与预测。新产品铺货目标的制定不是靠个人主观臆断做出决策，它需要建立在分析市场机会及企业优势的基础上，市场调研和预测是目标制定的前提和基础。有很多企业宁愿花费大量的人力、财力、物力开展销货工作，却很少有企业愿意抽出部分资金在销货之前对目标市场、销货对象等进行必要的了解和分析，结果导致销货目标的制定失去了决策基础，又造成资金浪费。

忽视自身的实力。部分企业盲目地认为目标越大越好，甚至叫嚣在一个月内将产品铺到全国市场，而企业自身实力、人员配备和资源状况等根本达不到这个条件，结果造成人员在市场上疲于奔命；为了保证任务的完成，市场铺货全都是蜻蜓点水；为了完成任务而销货，只讲数量而不讲质量。最终由于铺货工作不扎实，致使整个市场很不稳定，给企业带来了巨大的损失，也失去了企业开辟市场的真正意义。

第二，缺乏层次性。

目标市场也是有主次的。新产品铺货首先要找准市场、找准渠道，并确定市场和渠道的开发次序，先铺哪个市场，后销哪个市场；是先销市区的市场，还是先铺周边市场，或者先进入 KA 渠道。这都应该明确规定，做到有的放矢、层层推进。很多企业往往因为销货目标分不清主次、缺少条理性而致使铺货效果不佳。

2. 误区二：缺乏可行的铺货计划

具体表现如下：

第一，计划过于笼统、不具体。

很多企业的铺货计划不具体，只是笼统地写着“2021 年 2 月—3 月，将货物全部铺到郑州市场”“要在 3 个月内，将货物铺向全国大部分的市场”“力求在 2 个月内打 ×××× 市场”……那么“大部分”“部分”到底是什么概念，又如何衡量呢？1 个月的时间，每天具体干什么？铺货对象是谁？是家属区附近的小型零售店、超市，还是经销商、批发商？衡量货物全部铺到市场的标准是什么？应该采用何种方法呢？计划是后期工作的基础，计划的失败直接导致实际执行时错误百出。而计划完不成，后期产品推广、促销策略等根本无法正常地操作运行。

第二，计划无法实施。

有些企业在制订计划时根本没有经过调查，凭想象办事，没有充分考虑产品铺货时会遇到的各种问题。如经销商不愿合作，竞争对手提高市场进入壁垒，产品在销货初期遭到消费者的投诉等，则会使计划无法实施。

3. 误区三：铺货人员选择、使用不当

主要表现在以下三个方面：

第一，没有充分认识到铺货人员的重要性。

部分企业认为新产品铺货就是一种简单的推销过程，铺货人员的工作很悠闲，只要在市场上转转就可以了。所以，在选择铺货人员时，根本没有考虑铺货人员必备的素质，只是随便从社会上招收一些人员，或是从单位中随便找几个“能人”，分给他们不同的市场，让他们去招聘铺货人员，使得铺货人员的素质参差不齐，铺货质量无法保证。

第二，铺货人员的素质不高。

自身文化素质不高。铺货人员本身代表着厂家的形象和产品的形象。铺货人员自身素质不高，不仅会影响产品形象，还影响整个品牌的形象。

产品相关知识匮乏。铺货人员说服终端铺自己的产品，必须对自己的产品非常了解，能向终端介绍产品的性能、功能、特点及铺货的收益等。很多铺货人员根本不了解产品，甚至不知道产品的成分。一个对产品一无所知或知之甚少的人，怎么能说服别人铺他的产品呢?

第三，缺少市场开拓经验与能力。

在铺货过程中，遭遇客户的拒绝是常事，“价格那么贵，没法卖”“我们已经有其他同类产品”等。一个初入行的人，没有经验，很容易产生挫败感，动摇信心。说服终端铺货时，也抓不住终端商与企业合作的利益点，吸引不了终端铺货。而一个经验丰富的铺货人员知道客户的真正需求，可以抓住时机，从双方的利益点出发说服客户。铺货人员相关经验和能力缺乏，是很多企业的产品铺货不到位的重要原因。

二、明确新产品铺货的原则

1. 依托客户原则

经销商作为销售渠道的重要组成部分，有着熟悉当地风俗习惯、对本地市场和终端网点熟悉及关系网发达的优势，新产品铺货可以充分利用和发挥经销商的优势。一方面可以保证新产品快速渗透到市场的每个角落；另一方面可以节约厂家费用，减少在铺货过程中的困难。另外，利用渠道经销商，这也是中国企业适应国情、战胜外企的法宝之一。

2. 计划原则

“凡事预则立，不预则废。”要做好新产品铺货工作，必须做到计划先行，要对需要开发的目标市场进行调查，掌握目标终端的一些基本数据，建立数据库，如所有目标终端的店名、电话、老板等资料。根据此数据库，制定详细的开发方案，如何时开发区域市场，区域市场由谁负责，如何检查工作，如何激励、考核与奖罚人员等。

3. 先易后难原则

新产品终端铺货时最容易遇到的是被人拒绝。为了提高新产品铺货的效率，除了有一个良好的心态，还必须遵循先易后难原则。这样做一方面可以尽快将产品铺下去，节约工作时间，提高工作效率；另一方面把容易攻的都攻下后，不容易攻的终端店看到别的终端店有销售，有的不用推销就开始进货了。

4. 灵活性原则

一般情况下，终端客户销售新产品是有一定风险的。新产品铺货要采取灵活性原则，如送给店员一些小礼品，小终端店不要整箱的可以拆箱送货，要多少送多少，树立良好的服务形象。

5. 时间性原则

新产品铺货和常规产品或者老产品铺货的最大不同就是，新产品铺货要求时间短、速度快，时效性是基本要求，这样才能保证后期各种推广促销工作的开展，才能使新产品上市工作有序推进。

6. 人力、物力相匹配原则

新产品铺货的指标要切合实际，做到人力和物力相契合。否则，只会使计划和实际情况不符，造成工作敷衍了事，达不到原来的要求。

7. 激励原则

新产品铺货难度大、时间紧，要做好新产品的铺货工作，必须充分调动业务人员、经销商、铺货人员（促销员）、终端商、消费者等渠道中各个成员的积极性，使渠道成员共同参与新产品推广，进而形成互动，形成“五级联动”，从而营造新产品推广氛围。这样做不仅可以加快铺货速度，还容易形成新产品销售氛围，使“推”“拉”形成良性互动。

8. 检查原则

为了增强铺货的效果，在新产品铺货工作中要做到事事有计划、事事有检核，提高计划的执行效率，提高队伍的执行力，并不断从工作中发现问题、解决问题。

三、做好新产品铺货的准备工作

“不打无把握之仗”，是新产品铺货工作取得成功的基本保证，只有充分地准备才能使新产品铺货工作有条不紊地开展，因此企业要做好相应的准备工作。

第一，做好新产品铺货前人员的准备和培训工作。新产品铺货工作的难度相对较大，企业要做好新产品上市的铺货工作，首先要组建铺货队伍。这需要企业对人员队伍进行甄选，最好能找有市场经验、业务素养高的人员组成铺货突击队。其次，要通过集中培训的方式，组织业务人员进行系统的学习，让铺货人员清楚工作的目的和意义，了解新产品的特点（口味、规格、人群定位、价格等），掌握新产品上市政策、推广话术、推广流程等。

第二，做好新产品铺货前的基础筹备工作。如确定铺货的区域范围、铺货对象、铺货政策、铺货路线、铺货的奖品，了解客户的分布，画出铺货的地图，标明铺货路线，设计铺货表，制定人员的铺货路线及确定铺货分工，铺货工具的准备等，基础工作做得越细越好，不要急于求成。

第三，制定人员铺货的奖励政策。新产品铺货难度大、时间紧，要做好新产品的铺货工作，就必须充分调动业务人员的积极性，让铺货人员劳有所得、付出有回报，提升铺货人员工作的积极性和能动性。

四、设立三个标准保证新产品铺货到位

标准的设立是为了保证新产品的铺货工作能按照标准落地，使铺货动作不偏离方向，考核和检查有依据。

标准一：铺货管理制度的规范化。第一，明确铺货路线，确定铺货责任人，规范铺货标准和要求。第二，制定具体的铺货奖惩细则并严格执行，实现铺货工作的日常化、规范化及制度化。如铺货计划执行，要求铺货团队每天召开晨会，通报铺货进度并下达当日铺货任务，把任务分解到人，每天下午下班时召开晚会点评当日的工作，上交铺货表格并由督导组巡检，并按照制度要求进行检查和考核。

标准二：规范产品陈列标准。本着方便购买和便利性的原则，明确新产品铺货陈列要求，实现产品陈列的最大化和生动化。如在“第一”视线内让产品“闪亮登场”，做到“分层陈列”和“集中陈列”，陈列中的 POP 张贴、X 展架、产品手册、价签等终端物料要随着铺货的进行摆放到位等。

标准三：实行铺货产品的一站式服务。本着谁铺货谁受益、谁铺货谁负责的原则责任到人，严格划定区域，要求铺货人员不仅要将产品铺到终端店、商超，还要想方设法将产品铺给“消费者”。业务人员带头帮助终端店搞好新产品的销售，实现铺货产品的全程跟踪服务，在有效铺货过程中通过一定的营销手段或策略组合，让产品与市场有效对接，使产品在消费者需要时，能够看得见、买得到、乐意买，真正完成有效铺货。

五、实施有效的新产品铺货策略和方法

第一，铺货前营造宏观市场声势，降低铺货难度。为配合铺货，企业可以在铺货前在相关媒体上造势，比如在报纸、电视、户外、网络、自媒体（朋友圈、公众号）等传播渠道上进行必要的宣传，引起经销商的注意，也可以在终端店外张贴POP、悬挂条幅营造地面声势，扩大品牌影响。铺货前让终端品尝新产品，对新产品留下良好的印象，从而降低铺货的难度。

第二，规范和用好铺货中的推广话术、统一说辞。主要是让新产品铺货统一口径，发出一个声音、传出同一个信息，避免信息输出混乱，影响铺货工作的推进。比如自身产品的特点、文化、推广政策等。

第三，宁缺毋滥的铺货策略。新产品上市不要无止境地向渠道压货，适当保持进货量让渠道快速消化形成二次进货是产品成功上市的关键。对于中小企业来说，在无法大规模投入广告来拉动终端销售的情况下，要想现款铺货是很难的，如果硬要求现款铺货，反而会导致销售成本更高。在这种情况下，可以通过采取适量铺底的方式来减小铺货阻力，达到较高的铺货率。但对铺底数量必须严格限制，同时配合必要的推广活动，使零售终端尽快产生销售，快速进入良性循环。

第四，制定必要的铺货活动政策。设计铺货活动很关键，很多终端店看重的有时不是你的产品而是铺货奖励。新产品铺货可以根据铺货的要求确定合适、新颖、有吸引力的促销品或者终端激励政策。比如铺货坎级奖励、进货奖励、开户奖励、促销品支持、免费产品等。

第五，采取聚焦策略。集中企业资源，在重点区域市场选择重点终端进行突破，通过示范效应进行以点带面的铺货。如在新产品铺货中可以选择原有的老客户或关系客户进行特殊政策的铺货奖

励，快速建立形象店，形成旺销氛围，树立标杆，凭借形象店的影响力向周边小型终端渗透铺货，达到以点的启动来拉动面的铺货的目的。

第六，利用有效的铺货抢占渠道资源。终端的客情关系是决定产品销售成功的决定性因素，有的业务人员在铺货过程中只找以前的关系店，对于陌生店有抵触情绪，这样无形中就会失去很多的有效终端，使自身的原有网络并没有扩大，限制了市场的占有率。业务人员在铺货的过程中，应充分利用新产品上市的契机，多拜访、多沟通甚至帮助店主做一些力所能及的事情，比如整理货架、打扫卫生等，通过勤恳和执着来打动终端，从而顺利铺货。

第七，集中力量造势。集中铺货的车队、人员进行铺货造势也可以对终端产生影响。如铺货的时候，可以建立由多人组成的推广车队进行团队铺货，利用人多的团队作战心理，通过铺货车队的游街造势，对终端产生吸引力和轰动效应。需要注意的是，团队成员要明确分工，通过团队的协同作战来顺利铺货。

小提示：铺货是个细致活，快速有效地完成铺货是新产品成功走向市场的第一步。

六、注意新产品铺货的细节

细节决定成败。在新产品铺货过程中，细节同样重要，需要注意的铺货细节如下：

细节一：铺货的措辞，即要注意铺货时的标准话术。有的业务人员在铺货时随心所欲，有时在很大程度上影响铺货的质量。

细节二：相关物品物料的准备。比如促销品，答应给客户的返利、折扣或奖品等。铺货时如出现纰漏，往往会引起客户的反感，甚至会出现客户因此而不卸货的现象。因此，出门前一定要检查物品是否已经带齐。如有意外，要向客户真诚道歉，取得客户的谅解和理解。

细节三：铺货人员的礼仪。经常有业务人员在铺货时不修边幅，邋遢异常，见了客户甚至直呼其名，要么就是一到客户门店就坐在凳子上，或随意“搜罗”客户的瓜子、糖等小食品吃，客户虽然嘴里不说，心里却极其反感。

细节四：铺货的及时性和规律。经常有业务人员在完成本次铺货之后，下次不知什么时候会再铺货，基本无规律可言。等到再次铺货时，才发现上次的铺货卖完很久了。这种铺货方式难以让下游客户信任，从而让客户不敢轻易购货，从而难以建立真正的合作伙伴关系。

总之，新产品铺货无小事，要想真正有效铺货，就必须充分准备，不断规范铺货的流程与内容，关注日常铺货的细节。只有从大处着眼、小事着手，新产品铺货才能有的放矢，才能针对性更强，才能真正低成本铺出产品，从而最大限度地收获利润。

小提示：有铺货是新产品上市的利剑，高效率的铺货能使新产品迅速与消费者见面。

附件：新产品铺货的方法和话术技巧

在新产品铺货工作中，很多营销人员虽然访前准备、探询聆听、利益销售等基础工作做得非常好，对对方提出的各种异议也做了详细的解答，但是到了临门一脚要进货的时候，往往由于对方拒绝进货而尴尬结束铺货工作，最终导致铺货实际达成与设定的计划进货数量差距太大，铺货未能达到预期目标。其实，只要方法得当，配合一定的话术技巧，上述尴尬就不会产生。根据笔者的实践，可以选用以下方法和话术技巧来促成新产品铺货工作的完成。

1. 直截了当法

开门见山地说出自己拜访的目的，常用于与终端客户关系十分“铁”的营销人员，由于客情关系好无须太多的话术和技巧，直接说明来意，并且提出自己的要求。

“李老板，我们公司又上了一个新产品，有广告支持，商业供货价格××元，统一零售价格××元，现在商超已经上货，你这边我给你计划了20箱。”“李哥，今天我给你带来一个我们公司的新产品，你要20箱货卖卖看，毛利30个点，预计下个月公司开始广告宣传。”

2. 鼓励肯定法

当你遇到犹豫的客户的时候，一定要有耐心把产品的政策和支持介绍清楚，并把客户提出的异议解答好，在最后用鼓励的话或是肯定的话，帮助终端店老板下决心进货。

“王经理，我已经把产品的政策和公司的支持介绍清楚了。利差大，产品好，肯定有回头客，你今天进了货，就是咱们市第一个销售的终端店，先卖先赚，肯定能够赚钱。”“你别再犹豫了，你和我已经合作这么长时间了，还有什么不放心的？就是暂时出现不走货的情况，我也能给你配上赠品，你看这样行了吧？我给你报20盒。”此时，建议你把订货单拿出来在上面填上数字，客户见订货单已经写好了数量一般会认可的。

3. 二选一法

非A即B选择法。有时候，客户通过我们的介绍同意进货了，只要技巧得当，按照对方的实际能力可以使用二选一法，达到首批多进货的目的。

“张老板，这个新产品的销售前景你也十分看好，咱们这么大的店，进了以后肯定卖得好，进少了容易断货，你看是进30件还是进50件？”“张总，现在进货20件送一瓶洗手液，你看是拿2个还是拿3个奖品？”客户一般都会选择其中一个答案，这正好达到了我们的目的，选多的数量达到了多进货的目的，选少的数量也达到了让终端进货的目的。

4. 时间紧逼法

利用新产品上市初期铺货的优惠政策的有效时间，通过传递时间的紧迫性和利益的诱惑，促使客户下订单进货的方法。

李姐，今天告诉你一个好消息，我们公司推出了一个新产品××，这个月末前进货十送一，今天都26号了，下个月可就得不到奖励了，这么大的进货奖励政策很少遇到的，你考虑一下进多少？

5. 比较法

如果遇到比较顽固、坚持不进货的终端门店，通过分析此类客户不进货的原因，要么认为现款进货压资金，要么就是毛利点达不到他的要求。对于此类客户，在铺货时可以采用与同类竞品对比的方法，找出自己产品的优势，从而达到铺货的目的。

李老板，我知道你现在卖的很多品种都是代销，但是这些产品都是没有任何投入的，动销非常慢，需要推荐才能形成动销。我们公司的产品虽然都是新款现货，但是有广告支持，动销好回头客也多，何况这次也不是来上你这里压货，第一次卖新产品我也知道有压力，所以这次就给你准备10件货试试，才一百多元。

6. 激将法

在新产品铺货的时候总会遇到难缠的终端店，对于这类终端可以在铺货之前制作一个订货单，罗列店名、进货数量和奖励，在铺货的同时进行登记。遇到了前几种方法不能解决的“钉子户”，可以利用订货单这个道具，演一出“激将进货”的好戏。

“王总，你说的这几个不进货的理由我都能理解，咱们终端店生意一直不错，在这个区域也是非常有影响力的，这么有影响力的终端店要是没有货，多影响形象呀！”可以拿出订货单，并指着订货单给店老板看，“你看从我铺货到今天才三天的时间，我负责的区域已经有100多家门店进货了，你看××超市进了50箱，××批发部进了20箱，就连对门的××便利店也进了15箱，这些老板都非常认同这个产品的销售前景，你总不能落到他们后面吧？你自己在订货单上写进多少吧！”

7. 消除顾虑法

在新产品铺货过程中，很多终端店担心新产品不动销，以及产品没有售后服务。对于此类终端店，需要做的就是消除客户的顾虑，给客户承诺相应的售后服务。

李老板，你的这些顾虑我们都想到了，这次新产品铺货不仅有促销推广活动支持，同时企业也有一定的宣传投入解决产品的动销问题。如果你实在销售不了，在3个月之内我们会进行产品的调换工作，绝对不会让新产品给你造成任何损失，况且你也知道我们会定期进行终端走访，有问题随时解决，这次给你先来10件吧。

以上是七种新产品铺货时拜访客户的话术和技巧，如果使用得当，终端店的老板和负责人都会进一些货，这些方法在拜访商业客户的采购经理时同样适用，只是订货数量有变化而已。

市场是复杂的，以上技巧不可能解决所有问题，更多的好方法还需要一线营销人员在实战中总结，根据对客户的了解摸索出更多的工作方法。

第四节 新产品上市如何开展促销推广

A企业的新产品金色田园植物饮料上市快一年了，由于产品定位准确、包装设计新颖、价格合适、市场策略正确等诸多因素，加之在营销团队全体人员的努力下，金色田园植物饮料快速完成了对华东的山东、江苏、浙江、安徽、福建、上海市等重点市场的开发，并逐步渗透华南的广东和广西的部分市场。经过近一年的努力，新产品不仅在各个市场站稳了脚跟，随着时间的推移，销量也呈现大幅增长。为了表彰营销团队的出色业绩，鼓舞营销团队的士气，A企业召开了新产品表彰会，对新产品上市工作中表现优异的开发人员和市场进行了表彰和嘉奖。为了推动新产品的进一步发展，负责广东市HX地级市场的业务经理王峰，因为在新产品促销推广中的优异表现，被公司领导指名在表彰大会上做了“如何做好新产品促销推广工作”的经验分享。

一、新产品的促销推广工作要避免一个误区

王峰认为，很多企业和市场负责人总是会陷入一个误区，认为新产品推广的频率越高、促销力度越大就越好。其实不然，新产品

推广的频率越高，促销力度要适当，要适应市场变化。

新产品进入市场固然需要进行推广促销，但是新产品进入市场首先需要做的是完成铺货率。其次，解决消费者认知问题，最终建立一个稳定的产品价格体系。因此，在新产品的促销推广工作中，不能一味地追求促销推广的频率和力度，要根据市场情况来确定，因为过高的促销频率，会使新产品的价格体系无法稳定，过大的促销力度往往会造成新产品价格混乱，甚至会造成新产品窜货和货物积压，最终出现市场乱价现象。

二、新产品促销推广要调动渠道成员的积极性

新产品促销推广的主要目的是提高产品的铺货率和产品的分销速度。由于新产品不被渠道成员了解，也不被消费者认识，因此新产品进入渠道会面临各种各样的难题和阻力。要实现新产品的顺利入市，让消费者实现购买，在新产品的促销推广工作中，要采取必要的办法调动渠道成员——销售人员、经销商、二批商的积极性，共同参与新产品推广工作，形成“三级联动”，营造新产品推广的氛围。

向销售人员、经销商和二批商进行“新产品推广的重要性”宣导，向他们介绍清楚新产品的诞生思路、优势和利益点在哪里，具体的包装口味、价格描述是怎样的等，使渠道各成员对新产品的上市做到心中有数，增强信心。

针对销售人员、经销商和二批商进行新产品铺货上市各项过程指标的专项考核，加快新产品铺货速度，形成新产品销售氛围，让他们明白“过程做得好，结果自然就好”，只要能把新产品推广过程中的各个指标（铺货率、陈列、促销、价格体系等）落实到位，新产品自然就会推广成功，销量自然就好。

新产品在上市销售的过程中会有广告投放、铺货、经销商进货奖励、二批商渠道及零售店促销、超市进店、消费者促销、销售人

员开店奖励等一系列动作，要对每一项工作做出具体规划和安排，确保新产品推广的各项活动有条不紊地进行。

三、要制定好新产品促销推广方案

新产品促销推广方案是新产品促销推广工作实施的行动纲领，一个好的新产品促销推广方案可以为新产品上市工作增加成功的可能性。一般而言，方案主要包括如下几个方面的内容：

（1）推广背景。即在什么情况和条件下推广新产品，它的前因后果是什么，比如市场竞争的激烈程度，竞品的发展态势，已经构成的潜在或现实威胁，等等。

（2）推广目的。即新推广的产品要承载什么样的使命，通过新产品的推广，要达到什么样的战略目的，是应对市场的冲击还是引领市场潮流，等等，从而明确产品推广方向。

（3）推广阶段。即新产品切入市场后，要通过几个阶段来达到占领市场的目的。该推广阶段一般以一个月为一个周期，通过明确推广阶段，从而有计划、有组织地推进目标。

（4）推广策略。即新产品推广过程中要采取的营销组合策略。比如产品策略，采取什么样的包装形式、产品卖点挖掘、产品功效等；价格策略，即采取什么样的价格政策，是返利还是折扣；渠道策略，即渠道的广度、深度及宽度的选择；促销策略，即采取什么样的促销形式，才能更好地实施产品推拉结合，从而实现产品的回复力等。

小提示：企业的营销人员只有协助经销商做好新产品推广实施方案，新产品上市推广工作才会有章可循、有法可依，从而使新产品有条不紊地得以推广。

四、落实推广促销方案并有效组织实施

再好的新产品推广实施方案，如果没有强有力的执行，新产品的成功推广便会成为一句空话。新产品推广促销方案要想顺利有效地实施与开展，要做好以下几个方面的工作：

1. 组织是保障

新产品的推广，最终都要落实到具体的团队组织上。这里所说的组织，一是营销团队的建设，这是开展推广促销工作的基础；二是促销推广队伍的组织纪律，这是新产品促销推广成功与否的保证。有了狼性型的营销推广团队，再加上严明的组织纪律，新产品推广才有坚实的基础，推广政策才会得到有效实施，推广策略才能真正落地。

2. 培训是前提

新产品要想一推到底、一推成功，培训工作必不可少。很多企业的新产品之所以推广不成功，其实与企业没有进行相关的培训有很大关系。因为没有培训，所以经销商及营销人员不能明白厂家的意图，不懂得推广的步骤、技巧与方法，让很多推广方案束之高阁，得不到很好的贯彻落实。在新产品推广过程中，通过培训一方面可以确定新产品的促销推广标准；另一方面可以统一促销推广中的话术，使新产品促销推广的基础工作保持一致，这是达成新产品推广目标的有效手段。

3. 考核是关键

很多厂家的新产品推广为何流于形式，往往和缺乏有力的检查考核体系有很大关系。企业协助经销商推广新产品，要想让各项措施落实到位，考核这一环节必不可少。只有考核，才能让新产品推广与营销人员及经销商的经济利益挂钩，严格遵守奖励与处罚制度。只有这样，营销人员及经销商才会真正用心，才会让推广方案真正落到实处，不

至于敷衍了事。

小提示：推广方案的有效组织实施，是厂家协助经销商成功推广新产品的坚实基础，厂家及经销商只有注重推广方案的实效性，并关注实施操作的细节，新产品成功推广才能实现。

五、评估推广方案的执行效果

新产品的推广方案是否有效，以及企业和经销商能否及时检核和修补、完善推广方案，是新产品能否得以持续、健康推广的保证。评估推广方案可行性的标准通常由如下几个方面组成：

1. 推广方案的可操作性

在企业协助经销商推广新产品时，通过现场操作，方案是否存在纰漏；在执行过程中，有没有不合时宜的地方出现或发生。如果有，应该如何改进或完善，是否已经及时向厂家的有关部门进行沟通、反馈和汇报？

2. 推广方案的可延续性

通过操作方案阶段性的实施，方案是否可以继续推广和执行下去，新产品在方案的实施过程中，是否使渠道更活跃，推广方案的环节是否环环相扣？

3. 推广方案的效果性

推广方案关键且核心的评估标准仍然是销售数量和销售额、利润额，这才是最硬性的标准，也是评判推广方案和新产品是否适销对路的有效途径。通过考察推广方案的效果性，有助于厂家和经销商快速做出反应，及时拿出对策，从而让新产品更好地进入市场。

通过检核、调整和完善推广方案，厂家和经销商才能更好地联手，实现互动与联动，从而齐心协力地把新产品更好地推向市场。

小提示：通过建立相应的流程，厂家和经销商才能在推广新产品上更好地达成一致意见，从而厂商一心，共同把新产品、新做法更加有效地推向市场，运作于市场。

第五节　新产品上市如何做好终端陈列

终端是让产品实现商品价值的最后一个环节，也是所谓的临门一脚。新产品从概念产生到消费者手中，前期大量工作价值的最终体现都取决于终端的销售情况。因此，在新产品的上市工作中都会强调终端的重要性，要求营销人员将终端做精做透。然而，做精做透终端并非易事，要做精终端必须从最基本的终端陈列做起，终端陈列作为新产品向消费者展示的方式，是一件看似简单实际并不简单的事情。

A 产品已经上市 4 个月了，海迪食品有限公司为了慎重起见，选择了 C 和 D 两个市场作为试点市场，以便总结成功经验向其他市场复制。但是，在新产品上市的 4 个月里，虽然 C 和 D 市场都顺利地完成了企业对产品铺货的相关工作，但是营销经理张总明显感觉到C和D两个市场冰火两重天。小李负责的C市场，在这4个月里A产品的销量呈现出快速增长的势头，而小王负责的D市场A产品的销量却没有大的起色，每次电话沟通时小王总是抱怨A产品动销慢、消费者不认可、经销商不配合等。俗话说："没有调查就没有发言权。"营销经理张总决定到两个市场去走访，以便了解原因。

在D市场的走访过程中，张总发现，虽然D市场确实完成了产品的铺货率目标，但是在便利店中，企业人员都需要仔细查找才能发现自己企业的产品，而且产品要么是在角落里或者被竞品覆盖，要么产品布满灰尘，一看就是很长时间没有被动过；在KA商超里，虽然产品有陈列的堆头，但是产品同样偏居一隅，陈列工具不是缺这就是少那，张总非常郁闷。

到C市场走访后，张总郁闷的心情总算缓解了。在C市场，张总看到的是，在便利店中企业的产品不但摆放整齐而且位置明显，一进去就能发现企业的产品，产品很干净；在KA商超里，企业的产品堆头不但摆放整齐，而且和行业知名品牌并驾齐驱，陈列堆头上价格标签、引导牌及促销物料一应俱全，堆头装扮也颇有个性，非常吸引消费者的眼球。

通过这一次走访，张总明白了C和D两个市场的差距所在。为此，张总让负责C市场的小李专门给负责D市场的小王好好讲讲如何做好终端陈列这一课。

小李认为，产品陈列的目的：一是可以方便、刺激顾客购买；二是提高企业产品和品牌的形象。借用杜邦公司的一句名言："消费者第一眼看到产品，就可能喜欢它，决定是否购买，陈列最根本的要点就是要让消费者第一眼就看到你的产品，让你的产品直接跟消费者对话。"新产品由于缺乏知名度而不被消费者熟悉，在做好铺货工作之后，更需要在陈列方面下功夫，让消费者进入终端和KA卖场能够看到，这样才能增加销售的机会。对于如何做好新产品的终端陈列工作，小李的经验是这样的……

一、把握新产品终端陈列的原则

（1）争取最大的陈列面积。终端资源都是有限的，自己产品的陈列面积越大，就意味着竞品的陈列面积越小，自己产品被选择的机会就越多。

（2）新产品陈列要整齐。消费者是从远处到近处接近你的产品，将产品摆放整齐，形成一个面，让消费者从远处就能看到，吸引消费者的同时又能体现出品牌的气势。因此，好的陈列从远处已经能分辨出那里就是这个品牌的区域。

（3）保证新产品足够的陈列面积。陈列面积大比陈列面积小的产品销售效果好。陈列面积小不容易吸引消费者，更不容易让消费者信赖。尤其是一些新产品刚进入市场，更需要将有限的陈列面积集中成一个整体，更有利于品牌的树立和产品的销售。单一化的产品陈列与一些中小品牌相比，一进入终端就是几十个产品，有着明显优势。

（4）把新产品放在最好的陈列面上。不同的陈列面效果不同，好的陈列面会带来好的效果，新产品一定要放在最好、最佳陈列位，这个位置是与视觉高度平行的地方。

（5）新产品的产品批号要及时调整。产品陈列要将时间靠前的产品放在前排，保持产品的正常流转。做到先出厂先销售的原则，否则会造成积压和退货，这种情况绝不止发生在保质期较短的食品、饮料上，同样也发生在日化和其他行业，消费者总是希望买更新鲜的东西，你不主动将先出厂的产品放在最前面，慢慢就会被积压直到退货。

（6）及时调换破损产品。整齐的包装带来的是正面的效果。因此，在陈列的过程中要注意产品的外观形象，要及时调换外包装破损的产品。

（7）保持产品的整洁。产品表面干净，始终会体现良好的产品形象。

二、熟悉新产品陈列的策略

1. 采取跟随策略，紧跟竞争对手

进行新产品陈列时，一定要跟随主要竞争对手，尤其在产品价格、特色等优势明显的情况下，陈列要紧贴竞争对手。

（1）“物以类聚，人以群分。”企业的产品经常和什么产品在一起，消费者就会认为这都是一类产品。如国内二线日化品牌丝宝就恪守“靠近竞争对手”的陈列原则，长期和知名品牌宝洁“贴”在一起，通过这个策略成功地将一个新品牌跻身于一线品牌之列。

（2）竞争对手的消费群体也正好是自己产品的目标消费群体。借竞品的号召力引来消费者，再通过终端拦截，搞定竞争对手的潜在顾客。

> 小提示：当产品优势明显的时候，陈列一定记住用紧跟策略。俗话说：“不怕不识货，就怕货比货！”紧跟，其作用就是直接让消费者进行比较，充分借助竞争品牌相对于你的弱势，来提升自己的优势，一边打压，一边提升，效果不言而喻，这是陈列的关键！

2. 采取借势策略，紧跟畅销产品

一个新产品入市，不可能一下子卖得很好，那么在卖场中该如何选择陈列位置呢？这就需要运用借势策略。一般而言，旺销产品旁边的位置，就是新产品最好的陈列位置。因为是旺销产品，消费者经过人次最多，受到关注的机会自然更多，被购买的机会也更多。如此旺势，是不可以不借的。

小提示：如果企业产品和旺销产品在品质、包装、价格等方面的弱势明显，请你一定要远离旺销产品，因为那样你只能成为别人的陪衬，更加暴露你的缺陷。

三、知道不同类型终端的好的陈列位置

不同的陈列点的效果不同，不同的终端的好的陈列点也不一样。新产品的陈列一定要找对陈列位置。

传统式商店：柜台后面与视线等高的货架上、磅秤旁、收银机旁边、柜台前都是好的陈列点。

超市：与视线等高的货架上，顾客出入集中处，采购动线两旁的货架上；第一品牌最近的位置或者畅销品的旁边。这两个地方都是好的陈列点。

平价商店：店面内货架区的中心位置是最好的陈列点；收银机旁边；端架及货架的第一、第二排也是不错的陈列点。

四、掌握争取到好的陈列位置的方法

1. 加强对终端的业务渗透

除了领导品牌，新产品要想有好的陈列位置和大的陈列面积，除了需要费用资源外，还要有良好的客情关系。陈列位置的分配与卖场采购、柜长、卖场理货员及店老板有很大关系。

2. 掌握时机调整和扩大陈列

新产品刚进卖场很难一次找到理想的陈列位置和足够的陈列面积，只要把握好时机就能将陈列位置越调越好，陈列面积越调越大。

销售不畅的品牌撤柜的时候。

新产品进卖场需要调整的时候。

季节性调整产品品种结构的时候。

大型节日、店庆、特价活动等。

3. 以促销活动为条件，争取陈列上的支持

通过特价活动、买赠促销、免费品尝等与卖场或者终端谈判，争取到如堆码、端架、花车等特殊陈列的支持，并同时扩大货架陈列面积，在活动结束后继续占据被扩大的陈列区域。

五、制定新产品陈列标准

制定新产品陈列标准的目的是让新产品终端陈列能够统一形象。其主要内容是对作业的流程、新产品陈列位置的要求、陈列方式的展现及生动化工具（POP、吊旗、价格标签、帷幔等）如何使用进行硬性的规定，从而让新产品营销一线人员知道如何干、新产品陈列的标准是什么。同时，制定新产品的陈列标准，这也是对新产品终端陈列工作开展好坏的评价依据。

六、落实新产品陈列的检验与评估工作

为了确保新产品陈列有效，需要对新产品陈列情况进行检验与评估。检验和评估工作要围绕以下工作开展：

· 陈列位置是否位于热卖点？

· 该陈列是否在此店中占有优势？

· 陈列位置的大小、规模是否合适？

· 是否有清楚、简单的销售信息？

· 价格折扣是否突出、醒目并便于阅读？

· 产品是否便于拿取？

· 陈列是否稳固？
· 是否便于迅速补货？
· 陈列的产品是否干净、整洁？
· 零售商是否同意在一定时期内保持陈列？
· 是否妥善运用了陈列辅助器材？

产品终端陈列无小事，新产品终端陈列更是如此。新产品陈列不仅是让新产品“好看”的问题，还包含品牌形象、产品可信度、目标顾客群体锁定、价格印象等诸多直接影响消费者最终购买决策的因素，如果不在乎新产品陈列这件“小事”，新产品就会在终端上慢慢萎缩，最终失去宣传的阵地，新产品的销量就会下滑。

第四章

宣传篇

第一节 快消品新产品宣传需要了解的新媒体

“新形势、新媒体，新产品要利用新媒体对产品进行宣传。”这是蓝星食品有限公司 80 后营销总监李峰在活力枸杞饮料新产品中的心得。作为一名在快消品行业从业快 15 年的老营销人，李峰自踏入快消品行业以来，对待工作不但非常认真，而且非常善于学习和思考。在近 15 年的营销职业道路上，李峰凭借努力，一路走来，经历了从业务人员、业务主管、业务经理到营销经理再到营销总监的发展，练就了非常扎实的营销基本功。同时，在新媒体传播上也颇有研究，活力枸杞饮料新产品作为李峰升任蓝星食品有限公司营销总监后第一次亲自负责的项目，在此次的新产品上市推广中，李峰采用线上线下互动，传统媒体与现代媒体相结合的方式。在短短的 5 个月里，顺利完成了企业新产品的上市和宣传工作，不但快速实现了新产品销售上的突破，而且由于采用新媒体进行宣传大大节省了企业在宣传上的投入，实现了蓝星食品有限公司历年来在新产品开发工作中投入产出比的最优化，也为企业后期的新产品上市提供了非常宝贵的经验。

鉴于李峰在此次工作中的出色表现，公司营销总经理要求李峰对此次新产品的上市推广进行一次全面的总结，以便在全公司推广。在总结报告上，李峰对新产品上市过程中的新产品创意、项目筛选、产品命名、产品铺货及产品推广等方面的工作进行了详细的分析，尤其针对新产品推广工作中如何运用新媒体阐述了自己的心得和观点。

李峰认为，企业要想利用新媒体做好新产品的宣传工作，首先需要了解目前企业所处的环境，认识新媒体在企业营销工作中的重要性；其次要对新媒体有正确的认识，了解各种新媒体的特性，只有了解新媒体，才能更好地运用各种新媒体；最后在新媒体运营上要注意一些事项，做到既能提高宣传效果，又能避免在新媒体的宣传上触“网”。

一、认识新媒体的重要性

从我国的网民规模看，截至 2020 年，中国网民规模达 9.89 亿。其中，网络直播用户规模达 6.1 亿，网民使用率达 62.4%；短视频用户规模达 8.7 亿，网民使用率达 88.3%。越来越多的网民开始尝试通过短视频、直播来获取信息，新闻的视频化表达成为新的发展趋势。

从营销角度来看，随着商业环境和社会发展的快速变化，商品呈现出过剩和同质化的特点，消费主力人群由过去的 50 后、60 后、70 后转为 80 后、90 后；消费行为升级，由过去的简单化转向复杂化，消费者个性化需求增强；营销的理念也发生了本质的变化，过去的营销是以产品为中心围绕商品价值最大化而展开，而新营销则是以顾客为中心围绕顾客价值最大化而展开，结果消费往消费过程转移。由此，企业的宣传方式也发生了很大变化，由过去消费者被动接受转向现在主动有选择地接受。

从新媒体发展的现状来看，首先，我国新媒体行业的市场规模保持高速扩张之势。2017年市场规模为7558.4亿元，同比增长了21.5%；2020年行业的市场规模远超10000亿元。以视频短为例，视频用户规模2018年为5.01亿人，2020年达到了8.7亿人。其次，随着5G技术等相关移动网络及移动设备的成熟与普及，移动终端成了获取用户信息的首选地，这是更高信息密度的社交或者是交际交流的方式，信息传递的方式会得到更大范围的应用和普及，庞大的受众群体让新媒体成为获取信息的首选。

从宣传的模式发展来看，过去受技术及媒体渠道的限制，获取信息的渠道有限，企业进行产品宣传，只需要在当地的报纸、电视台砸钱覆盖，然后就坐等客户上门，就可以实现十倍甚至百倍的业绩提升。随着宣传渠道和媒体的多样化，消费者的聚焦点不会再停留在报纸、电视这些传统媒体，而是转移到了新媒体上，新媒体信息传播的随时随地性，让营销传播效率大大提高。

从传播成本来看，新媒体近乎零费用信息发布和低制作费用，对受众多为免费，这对传统媒体的新闻产品制作成本发起了挑战，以新媒体技术为基础的新媒体营销，大大降低了产品投放市场前的投入风险。

从目标客户精准定位来看，新媒体涵盖丰富多彩和多样化的内容，人人都可以成为信息发布者，浩瀚如烟的信息中涉及各类生活、学习、工作等的讨论都展现了前所未有的广度和深度。通过对新媒体平台数据的分析，企业可以利用新媒体有效地挖掘用户的需求，为产品设计开发提供很好的市场依据。

从与消费者距离拉近来看，传统媒体只能被动地接受，在新媒体传播的过程中，接受者可以利用现代先进的网络通信技术进行各种形式的互动，这使传播方式发生了根本变化。

这些预示着企业营销传播的战场将发生翻天覆地的变化，营销宣传的行为将发生根本性逆转。

二、正确认识新媒体

1. 新媒体的定义

狭义的新媒体是指与报纸、杂志、广播、电视等传统媒体不同的一种形态，包括互联网媒体、移动互联网媒体、数字电视、博客、微博、微信等形态。简单地讲，新媒体就是相对于报刊、户外、广播、电视四大传统意义上的媒体，被人们形象地称为“第五媒体”。广义的新媒体是指在各种数字技术与互联网技术的支持下，通过电脑、手机、数字电视等一切互联网终端向用户提供信息或服务的新的媒体形态。

2. 新媒体的特征

新媒体的本质是一种媒体，关键在于“新”字。与传统媒体相比，新媒体的“新”主要体现在以下方面：

第一，信息的双向传播。传统媒体是信息传播者单方面发出的信息，受众只能被动地接受而无法有效地回馈，新媒体的互动性很强，受众与传播者不再壁垒分明，每个人都既是传播者又是受众。

第二，信息传播不再局限于固定场所。移动互联网的出现让新媒体的传播变得无处不在，只要一部智能终端，人人可以随时随地实现信息的传播和接收，信息覆盖面变得更大。

第三，传播行为个性化。与传统媒体具有很强的专业性和垄断性相比，新媒体时代人人都可以制作和传播信息，人人都是内容的制作中心和信息传播中心。

第四，及时传播。传统媒体要派出记者采访，然后记者写报道，部门审核报道，最后发出信息，除了一句话的新闻快讯外，传统媒体发布的信息有一定的滞后性；新媒体则不同，可以实现即时传播。

第五，传播内容多样化且充满原创性。传统媒体基本不报道没有新闻价值的内容，而新媒体作为人们展示自我的平台，由于参与者众多，其内容多种多样且拥有大量原创内容。

3. 常见的新媒体

常见的新媒体主要分为四类：第一类是社交平台类，主要有微信、微博、贴吧等；第二类是视频类的平台，主要有哔哩哔哩弹幕网、优酷、抖音、映客、快手、秒拍、小红书、西瓜视频等；第三类是社区平台，主要有豆瓣、天涯等；第四类是新闻咨询类自媒体平台，主要有百家号、大鱼号、头条号、一点资讯等。

三、了解各类新媒体的特征

1. 社交平台类新媒体

此类平台是人们通过社交，结识更多有相同兴趣、爱好的人，并且通过这个平台相互联系，这是新时代最流行的社交方式。

（1）微信。微信是腾讯公司推出的一个为智能手机提供即时通信服务的免费应用程序。微信支持跨通信运营商、跨操作系统平台通过网络快速发送免费（需消耗少量网络流量）语音短信、视频、图片和文字，支持多人群聊的手机聊天软件。其特点主要是：

①特色功能。第一，支持发送语音短信、视频、图片（包括表情）和文字；第二，支持多人群聊（最高 10 人）；第三，支持查看所在位置附近使用微信的人。

②多平台。支持 iPhone、Android、S60 平台的手机之间收发消息。

③省流量。图片、语音和视频优化，1M 可发约 1000 条文字信息，1000 秒语音信息，约 1 分钟视频信息。

（2）微博。即微博客，是一个基于用户关系信息分享、传播及获取的平台，用户可以及时更新简短的话题，并以公开的方式进行发布，是传播最快和最广的新媒体推广工具。其主要特点是：

①便捷性。微博有 140 个字符的长度限制，便于传播和发送信息。

②创新交互性。以一点对多点，也可以点对点传播。当你关注

一个子集感兴趣的人时，两三天就会形成习惯关注，移动终端提供的便利性和多媒体化，使微博用户体验的黏性越来越强。

③原创性。即时通信功能非常强大，通过 QQ 和 MSN 就可以直接发布，在没有网络的地方，只要有手机就可以及时更新微博的内容，尤其是突发事件或引起全球关注的大事，可利用各种手段在微博上发布，其实时性、现场感及快捷性甚至超过所有媒体。

（3）贴吧。这是论坛的简单化的形式，以分散为内容导向，人与人之间不产生交互，便捷、快速的发帖形式是其最大的优势。其主要特点是：

①人工信息聚合方式对搜索引擎的补充。

②共同兴趣爱好者的快捷聚集。

③封闭式交流话题带来的深度互动。

④“粉丝文化”的催化剂。

⑤文化研究的新途径。

2. 视频类的平台

这是一个基于用户视频分享、传播、娱乐及获取的平台，用户可以及时更新视频的内容，并以公开的方式进行发布，分为短视频和长视频，娱乐性是其主要特性，其表达方式直接方便。

（1）抖音。这是一款可以拍摄短视频的音乐创意短视频制作软件，是一个专注年轻人的 15 秒音乐短视频社区，用户可通过这款软件选择音乐（歌曲），拍摄 15 秒的音乐短视频，形成自己的作品。它是目前市面上最流行的短视频制作软件和营销的视频平台之一，同类的平台有快手、秒拍等。其主要特点是：

①娱乐化。将碎片化时间娱乐化，在娱乐化的同时不知不觉地进行信息传播。

②直观、直接。和文字、图片等内容相比，抖音以短视频为主要传播内容，直观、直接。

③操作简单。创作和传播内容的制作非常简单，容易操作。

④覆盖面广。用户量庞大，拥有非常丰富的内容品类，实现了内容消费、探索创新、互动分享等多场景功能的革新，具有营销推广的优势。

（2）小红书。这是一个生活方式平台和消费决策入口，和其他电商平台不同，小红书是从社区起家，过去用户注重在社区里分享海外购物经验，如今小红书触及了消费经验和生活方式的方方面面。它被年轻人喜爱，成为新消费品牌的代表，是助力新消费、赋能新品牌的重要阵地。其主要特征是：

①真实性。大部分互联网社区更多是依靠线上的虚拟身份，而小红书用户发布的内容都来自真实生活。一个分享用户必须具备丰富的生活和消费经验，才能有内容在小红书上分享，从而吸引粉丝关注。

②分享性。通过用户“线上分享”消费体验，引发“社区互动”，能够推动其他用户到“线下消费”，这些用户反过来又会进行更多的“线上分享”，最终形成一个正循环。

③社区性。发迹于社区，社区是小红书的竞争壁垒，是其他平台无法复制的地方。

（3）西瓜视频。这是字节跳动旗下的中视频平台，基于智能推荐技术为用户做视频内容的分发，支持无线网络及有线网络在线观看视频，视频分类有音乐、财经、影视、VLOG、农人、游戏、美食、儿童、生活、体育、文化、时尚、科技等。西瓜视频除了具有抖音短视频的特性外，和抖音相比，还具有以下特征：

①视频时间长。相对抖音视频的长度，西瓜视频的视频长度可达几分钟，涵盖短视频、超短视频和长视频在内的全部视频生态，可以让品牌有足够的时间讲述品牌的故事，所以西瓜视频比抖音更适合做品牌营销。

②用户群体不同。抖音用户最大的特点是年轻化，用户大多是35岁以下的人；西瓜视频的一二线城市用户超过49%，其中男女比

例为 57 ： 43，男女比例相对来说是较为均衡的，西瓜视频的主要用户年龄在 18~40 岁。

③视频展示方式不同。抖音的视频都是以竖屏的方式来呈现的，而西瓜视频则是以横屏的方式来呈现的。虽然竖屏的阅读方式更符合用户的浏览习惯，但是如果视频内容足够吸引用户，阅读习惯就显得没那么重要了。

（4）哔哩哔哩弹幕网。这是中国“年轻世代”高度聚集的一个文化社区和视频平台。早期它是一个动画、漫画、游戏等内容的创作与分享的视频网站，现已发展成涵盖 7000 多个兴趣圈层的多元文化社区。其主要特点是：

①悬浮于视频上方的实时评论，即“弹幕”是该网站最大的特色。弹幕给观众一种“实时互动”的感觉，它从一个单向的视频播放平台，变成了双向的情感连接平台。

②以二次元动漫为特色，受众主要是青少年群体。

3. 社区平台

社区平台简单来讲就是指社区成员快捷、便利的相互交流的平台。

（1）豆瓣。这是 Web 2.0 网站中具有特色的一个社交网站。该网站是以技术和产品为核心、生活和文化为内容的创新网络服务平均，主要提供关于书籍、电影、音乐等作品的信息。无论描述还是评论都由用户提供，而且提供书影音推荐、线下同城活动、小组话题交流等多种服务功能。其主要特点是记录、交流、分享，是一个鼓励你参与的社会性工具，参与越多，收获也越多。

（2）天涯。这是一个综合性虚拟社区和大型网络社交平台，以论坛、博客、微博为基础的交流方式，综合提供个人空间、相册、音乐盒子、分类信息、站内消息、虚拟商店、来吧、问答、企业品牌家园等一系列功能服务，并以人文情感为核心的综合性虚拟社区和大型网络社交平台。其主要特点是开放、包容、充满人文关怀，首创社区营销的新形式。

4. 新闻咨询类自媒体平台

主要是提供文字内容和图片等新闻或者信息传播内容的自媒体平台，平民化、个性化、低门槛、易操作、交互性强、传播快是该平台自媒体的共性。

（1）头条号。这是今日头条针对媒体、国家机构、企业及自媒体推出的专业信息发布平台，致力于帮助内容生产者在移动互联网上高效率地获得更多的曝光和关注。其特点是根据每个用户的兴趣、位置等维度进行个性化推荐，推荐内容不仅包括狭义上的新闻，还包括音乐、电影、游戏、购物等资讯。

（2）百家号。这是百度为创作者打造的集创作、发布、变现于一体的内容创作平台，也是众多企业号实现营销转化的运营新阵地，内容创作者在百家号上发布的内容会通过百度信息流、百度搜索等分发渠道影响亿万用户。其主要特点是流量大。

> 小提示：在选择新媒体时，需要在进行分类的基础上，根据各个新媒体特性，有针对性地进行挑选，认清它们的特性和核心竞争力，然后根据新产品的特征和定位的需求做出选择。

四、新媒体运营需要注意的事项

随着移动互联网的进一步发展和自媒体平台的爆炸式增长，内容产业的准入门槛越来越低，加上对网络内容监管不到位，由此使得网络环境乱象丛生。因此，要做好新媒体需要注意以下事项：

第一，在新媒体的内容发布上，要有安全意识。要遵循《中华人民共和国网络安全法》《互联网新闻信息服务管理规定》《中华人民共和国广告法》等相关政策法规的要求，约束自己的宣传行为，知道哪些内容、哪些词汇、哪个领域是不能触碰的。

第二，在新媒体宣传上要对公司、新产品和服务非常了解。只有在此基础上才能创作出符合企业新产品定位的内容，才能触发消费者的感觉，吸引消费者。

第三，在新媒体制作上，要掌握多种技能。如文案写作、修图、运营、拍视频、抓热点等，这样才能创作出优秀的作品，从而增强传播的效果。

第四，在新媒体内容创作上，要关注消费者或用户的需求。不断思考用户为什么看了我们的文章，为什么买了我们的产品，只有关注消费者或用户的需求，才能写出热点文章、干货文章和好的原生广告内容。

第五，在新媒体运用上，要善于学习和交流。从市场上的竞品分析，从别人身上学习优点并借鉴和创新地运用到对自身产品的宣传上。

小提示：在新媒体时代，单纯讲品牌、讲产品是没有人买单的，不管是图文的新媒体还是视频的新媒体，都是一个讲故事和讲价值的主战场，这就是内容本质发生的变化。

第二节　用新媒体实现新产品的低成本宣传

一款新产品的成功上市，在完成产品创意、产品定位、定价及产品包装设计等前期的一系列工作后，有效的传播是承上启下的重要环节，对产品的招商、渠道建设和销售促进有着至关重要的作用。尤其是在面对市场快速变化、新产品层出不穷及传播媒体形式多样化、传播分散化的互联网时代。

阳光食品有限责任公司作为一家新成立的食品企业，由于资金有限，希望通过产品的差异化打造实现发展上的突破。在经过对市场的深入调研和反复论证后，企业认为市面上一种叫“奶啤”的乳酸菌饮料非常畅销，且市场后期的发展前景非常不错。很多企业都在纷纷布局进入该市场，阳光食品有限责任公司为了避免同质化竞争，形成产品差异化，虽然产品类型仍然是乳酸菌饮料，但是阳光食品另辟蹊径，给产品起了一个新的名字叫“奶香槟”，寄希望于开拓一个新市场。产品的中试口味测试满意度非常高，对于产品的名字叫“奶香槟”，一些和企业销售负责人关系不错的老客户也非常认可，一致认为产品口感好、产品名字也不错，产品一定能够畅销。

产品上市后，一开始由于经销商积极进货和开展上市后线下的铺货工作，企业的出货量看起来很不错。但是，经过2个月的销售后，市场销量并没有按照预期的目标呈现逐步递增的态势，反而是严重下滑。客户反映认可产品的消费者很少，给消费者介绍产品时很多消费者都知道“奶啤”，但对“奶香槟”是什么知之甚少。为解决市场上存在的问题，阳光食品专门聘请了从事快消品营销的专家李德生进行把脉。在经过一番市场走访和消费者调研后，李德生给出了结论。他认为企业新产品目前存在的问题很多，通过后期调整可以快速解决，并给出了相关的方案。企业最需要解决的两个问题是：第一，缺乏必要的宣传，产品名称虽然有新意，但是消费者不了解产品；第二，企业产品的销售目前只是注重线下推广，没有注重线上销售，尤其是在互联网时代，企业产品定位为80后的消费人群。但是，线上工作缺失，没有线上线下形成合力，李德生专门和企业的营销高管开会进行探讨。李德生认为，“如何利用好新媒体&平台实现对新产品的低成本宣传”应该是企业当前乃至后期需要重视的问题，并把自己的相关经验进行了分享……

首先，企业在新产品上市后需要解决认知问题。一个是经销客户的认知问题；另一个是消费者的认知问题。经销客户的认知问题事关销售渠道建设工作的成败，而消费者的认知问题事关产品上市后的动销。只有解决好这两个问题，才能形成新产品上市后的推力与拉力的结合，促成产品“旺销”的结果。

其次，在广播、电视、报刊为主流宣传媒体的过去，由于传播渠道和传播信息少而集中，宣传投入只要集中在一个或两个媒体上就能实现对新产品的快速宣传，而随着商业环境的变化，采取过去集中的方式无疑是痴人说梦，采取大面积的媒体投放无疑是撒胡椒面，效果暂且不提，消费覆盖面一定有限，投入的费用也是一笔不小的开支。但是，随着现代商业环境的变化和互联网技术的发展，跨界与融合成为趋势，所有的媒体功能不再单一，所有的渠道也不再只是单纯的渠道，渠道和媒体之间往往是“你中有我，我中有你”，可以说“渠道即媒体，媒体即渠道”。在对产品进行宣传时需要把握这种趋势，充分用好、用活各种形式的工具开展相关的新产品宣传工作，解决新产品的认知问题。

结合现代商业环境和互联网技术，要想对新产品实现低成本的宣传，主要采取以下方案和方法。

一、用电商平台为新产品进行宣传

天猫、淘宝、京东及拼多多等电商平台作为消费者耳熟能详的销售平台，有着市场辐射面广、影响力大的特点，对企业而言不仅是非常好的销售渠道，还是企业产品宣传、树立价格标杆、进行价格沉淀非常好的平台。尤其在客户了解新产品必先看线上电商平台销售价格和消费者购买新产品中看电商的今天，利用电商平台对解决新产品品牌度低、消费者和客户认知有限有促进作用，通过利用电商平台建立企业的电商销售渠道、促进产品销售的同时，也可以对新产品起到宣传作用。

具体做法和技巧：企业在新产品上市后，在天猫、淘宝、京东及拼多多等电商平台注册开设企业的销售门店。门店的类型可以是旗舰店、品牌店、企业店、普通的店等，在这里建议除开设旗舰店外，还可以多用不同的店名开设一些店铺。这样一方面可以增加电商平台上的销售店铺数量；另一方面可以增强宣传效果。

二、用企业网站为新产品进行宣传

企业网站是企业在互联网上进行网络营销和形象宣传的平台，相当于企业的网络名片，不但对企业的形象是一个良好的宣传，而且可以辅助企业的销售。通过网络直接帮助企业实现产品的销售，是企业通向互联网的平台和门户，是企业开展网络营销的重要条件。

具体做法和技巧：通过和专业模板网站进行合作，低成本建立企业的门户网站，利用网站输出企业的形象和产品资讯。为了快速提升企业的知名度和对新产品的宣传，在建立企业网站时，有条件的企业可以考虑采用企业全称、简称及用产品名称等多建设几个相关的网站，通过增加网站的数量达到对新产品和企业宣传的目的。

三、用互联网行业平台为新产品进行宣传

互联网行业各类行业网站虽然多如牛毛，但是部分网站凭借自身的专业性在各自专业的领域内有着非常高的知名度和庞大的用户群体（如行业招商网站）。其中存在一些行业综合性网站和行业招商网站开设专门的注册窗口供用户进行注册，这也给企业和新产品进行宣传提供了相应的机会，或者增加曝光率。

具体做法和技巧：企业通过在相关行业综合网站或者行业招商网站进行注册认证后，将企业简介、企业商标、产品信息和产品图片等进行发布，从而达到广而告之的目的。在利用行业综合网站和行业招商网站进行宣传时，企业可以根据网站的特征或者自身情况，选择成为免费会员或者 VIP 会员。从宣传的角度建议企业应坚持做到多进行注册认证，重点选择少量网站成为付费 VIP 会员，尤其在一些行业网站，成为付费 VIP 会员会给予企业相应的网址和专门的网页，这对企业和产品的宣传有不错的效果。

四、用视频平台为新产品进行宣传

在网络普及时代，一部手机成就了全民的娱乐。视频因为内容

表现简单、直接、丰富及娱乐性等特点，越来越被用户喜爱，看视频、创作视频、发视频……视频概念已经开始渗透到人们的日常生活。可以说，如今的用户因为视频平台将娱乐精神发挥到极致，人人都是内容、人人都是媒体，正是因为视频与用户之间的这种割不断的联系，利用视频开展视频营销成为非常流行的营销方式，也是企业新产品宣传的一个不错的手段。

具体做法和技巧：利用各个视频平台的不同特征，将各种视频短片以不同的形式放到互联网上，是达到宣传目的一种营销手段。这种视频可以是产品视频、品牌视频、企业宣传片、微电影等形式，常用的视频网站有腾讯视频、优酷、爱奇艺、PPTV、百度视频，以及短视频平台，如抖音、快手、火山、小红书等。

需要注意的是：第一，在向视频网站传输内容时要给视频起一个和企业或者产品相关联的名字；第二，在注册企业短视频账号时，账号名称同样要和企业或者产品相关联；第三，尽可能大面积地向各个视频网站输出企业的视频；第四，在有必要和可能的情况下在视频上方可添加企业或者产品的文字；第五，要对视频的内容及时更新和再制作。

五、用搜索引擎中知识百科为新产品进行宣传

百度、搜狗、360 作为目前中国最主要的三大搜索引擎，是为用户提供检索服务，将用户检索的相关信息展示给用户的系统，可以让用户快速准确地找到目标信息，从而更有效地促进产品 / 服务的销售。企业的新产品用好三大搜索引擎同样可以实现低成本的传播。

具体做法和技巧：利用百度、搜狗、360 三大搜索引擎的影响力，通过在百度、搜狗、360 中建立企业名或者产品名的百科词条，或通过百度知道、360 问答和搜狗的问问等建立对产品、企业的知识问答，让企业和产品名称能够被感兴趣的用户搜索到，从而起到宣

传企业和产品的目的，解决意向客户和消费者对产品的认识问题。

六、用自媒体平台为新产品进行宣传

在“人人都是自媒体”的时代，每个人都是创作者和分享者。自媒体平台因为具有门槛低、传播性广、投入少和个性传播等特点，被很多企业重视，尤其是企业微信公众号成为企业和产品宣传的首选。但是，企业的微信公众号在初期受制于关注人数，传播面有限。因此，在利用自媒体平台进行企业和产品宣传时，利用知名网站媒体的自媒体创造平台进行企业和产品的宣传也是一个不错的选择。

具体做法和技巧：在相关网站的自媒体平台上进行企业账号的注册，定期输出企业或者行业相关的个性化内容，常用的自媒体平台有企业微信公众号、头条号、搜狐号、大鱼号、百家号、企鹅号、微博、博客、知乎和新浪看点等。这里需要注意的是：一是在自媒体平台上内容的传播不要只局限于企业的相关信息，要善于利用行业或者社会生活的内容进行文案的创作，在图片的使用上可以把企业产品的图片当作内容进行输出，或者在相关图片上加上企业 logo 或者产品名称借势进行宣传；二是内容文案要新颖、有创意，避免平淡；三是内容输出上要做到坚持和持续；四是自媒体发布的内容要鼓励企业的人员和客户进行朋友圈的分享工作。

以上方法只是解决了线上平台对企业和产品的曝光率和传播的问题。在此基础上，企业一方面需要对相关平台的内容持续更新；另一方面企业需要在相关平台上，尤其是视频平台、自媒体平台上做到内容和文案创新，以及输出有创意的内容。在内容为王的今天，这一点尤为重要。与此同时，企业还需要做好线下渠道的开发和产品铺货工作，通过线上的有效传播和线下市场的深耕，形成推与拉的结合，这样才能对新产品进行有效的宣传。

第三节 新媒体快速实现传播的技巧

三十而立的阳光生物科技有限公司市场营销部的市场经理王大能，是一位充满活力和朝气的年轻人，在阳光公司内部被很多区域营销经理称为“大拿”和“王老师”。这是因为王大能在市场经理的职位上不仅能很好地发挥市场营销和宣传方面的能力，还善于学以致用，始终坚持在工作实践中学习、运用新媒体运营和传播的相关知识、技巧，并利用所学的新媒体知识为企业的品牌和产品进行服务，给公司的知名度和美誉度加分不少。尤其在公司几次重要的新产品上市工作中，王大能不仅冲锋在前，将自己的专业优势发挥得淋漓尽致，还充分利用掌握的新媒体运营知识，带领部门的同事积极挖掘企业在新媒体传播使用上的潜力，不仅快速完成了对企业新产品的宣传和推广工作，还由于思路正确、方法得当，助力企业新产品顺利上市，在新产品宣传推广过程中节省了不少营销费用。

王大能所做的工作受到公司上级领导的一致认可，王大能的前途一片光明。对于所取得的成绩，王大能一向表现得非常低调，他认为自己能够取得成功的主要原因是靠企业全体员工的努力和公司领导的支持，自己只是在利用新媒体对新产品进行传播工作中运用和掌握了好的技巧而已……

王大能认为，相对于报纸、杂志、电视、广播等传统媒体，企业新媒体的运营引流和吸粉是关键，这也是企业新媒体发挥传播作用的关键。企业要利用新媒体在新产品推广中发挥的传播作用，重点做好三项工作：第一，新媒体运营者要具备基本的技能；第二，在新媒体运营中要做好遵循新媒体传播的原则、灵活运用相关方法；第三，了解新媒体运营的技巧。这样才能在新产品传播过程中事半功倍。

一、新媒体运营人员必须具备的三个基本功

“工欲善其事，必先利其器。”要对新产品进行有效的传播，只有掌握必备的技能，才能更好地开展对新产品的宣传工作，企业新媒体运营人员必须具备三项基本功。

（1）熟悉新媒体平台的功能。这是新媒体运营的基本功。做新媒体必然接触新媒体平台，要熟悉所有的平台并懂得如何操作。如果对微信、微博、视频等新媒体的功能都不熟悉，怎么引导粉丝关注呢？

（2）熟悉新产品。这是企业营销人员必备的基本功，也是对新媒体运营人员的一个基本要求。熟悉自己的产品才能找准客户，引导更多精准的粉丝，才能对新产品介绍的文案及粉丝对于新产品提出的问题，做到对答如流，于无形处又有形，让用户跟着你走。

（3）具备策划、文案能力。策划和文案是新媒体人必备的技能。一个好的策划能够给新产品带来巨大的利益。文案，重点在于“要”字，好的文案如春雨，“润物细无声”。

小提示：了解产品、了解客户、找对用户最爱的新媒体，才能产生有价值的内容。

二、做好新媒体对新产品的传播需要遵循五个原则

新产品因为“新”，所以不被消费者和渠道客户认知，要解决新产品的认知问题，快速传播是基本的要求。实现这一要求，则需要在新产品的传播工作上，从媒体内容的专业性、发布时间及形式上坚持必要的原则。

原则一：发布时间要固定。没有人喜欢不定期推送的信息，固定发布有利于稳定受众和培养受众的习惯，新产品宣传更是如此。

原则二：宣传的内容一定要专业精准。作为企业的宣传媒体，传播出去的内容一定要精准、权威和具有专业性，这样才能让受众有信任感，才能服众，新产品要被消费者快速认可和认识，新媒体输出的内容一定要专业和统一。

原则三：要和受众进行互动。新媒体相对传统媒体的一大特点，就是新媒体实现了传播的互动性，交流和互动才能形成良好的编读循环。新产品在新媒体的加持下和消费者、受众互动，才能加快传播的速度，这也是很多新媒体在新产品推广上会采取关注、点赞、评论、给予相应赠送和优惠的原因。

原则四：推广形式要多样。新媒体的宣传可以是集文字、图片、视频于一体，也可以是相互独立形式的内容，需要结合企业的实际情况灵活运用，而新产品更是需要媒体运营人员让传播形式丰富化，这样才能让更多的受众接收到新产品的信息。

原则五：篇幅和长短要恰当。受众每日接受的咨询很多，新媒体在对新产品宣传内容的输出上需要的不是长篇大论，短小精悍才是王道。如视频内容最好在15~30秒，文章字数最好控制在800~900字，需要做的是持续不断地进行内容的输出和传播。

三、利用新媒体对新产品进行有效宣传需要掌握八大方法

只为成功找方法，不为失败找理由。新媒体要快速实现对新产品的推广与传播，主要有以下方法：

方法一：全员传播。众人拾柴火焰高。新媒体的宣传不是一个部门或者哪一个人的事情，需要的是全员参与（包括企业内部、渠道成员和媒体受众），这样才能让传播效果最大化。企业的新媒体运营部门在新产品的宣传和传播工作上，要积极协调各个部门、各个环节参与新媒体的宣传工作，这样才能扩大宣传面。

方法二：生产有用、有趣的内容，把握用户的痛点需求。新媒体不同于传统媒体，它在情感上与受众人群走得更近，这就是所谓的“接地气”，内容很大程度上都带有娱乐化倾向。因此，新媒体要坚持内容为王，做到在用有趣的内容吸引受众的同时，使受众有代入感，这样才会吸引受众。具体到新产品上，就是要打造新产品的核心卖点——找痛点和爆点，把痛点变成新产品尖叫的卖点，借用炒作话题及互联网传播引起“快速滚雪球效应”话题，只有制造引起互动的话题，才可以快速传播内容。

> 小提示：
>
> 1. 内容中不能出现含有色情、暴力、赌博、涉黑、非法物品等相关关键词。
>
> 2. 内容中不要涉及政治敏感词。

方法三：让每次传播都影响用户。好的内容加上合适的传播形

式，才能让企业的每一次传播都影响用户。新媒体运营部门要熟悉掌握各种新媒体的特性，给各种新媒体用户画像，做到新产品的输出内容和传播媒体相契合。

方法四：学会蹭热点。热点话题和新闻往往比较受欢迎，新媒体运营部门在新产品宣传上要善于在不触犯相关法规和社会公德的前提下，敏锐捕捉社会或者网络热点、热度话题，并利用这些热点在新媒体宣传中采取二次创作，巧妙对企业的新产品进行宣传，从而提高曝光量和浏览量。

> 小提示：不要发布和传播负面内容，以及和国家政治有关的热点话题。

方法五：打造企业的意见领袖。领袖意味着影响力，意味着传播力和热点话题。打造企业的意见领袖，传播的效率和效果就会更好。如娃哈哈的宗庆后、农夫山泉的钟睒睒，他们的一言一行对企业新媒体在宣传上都是有热点的流量话题。在新产品的传播上，企业要善于利用企业的意见领袖，让这些意见领袖给新产品代言。

方法六：选材要体现人文关怀。有温度的内容比冷冰冰的文字和画面，更能让受众有代入感。新产品的宣传要在内容上体现人文关怀，拨动受众内心最柔弱的部分。

方法七：建设自己的粉丝群。消费者或许不是粉丝，但是粉丝一定是消费者。粉丝越多，传播的裂变速度就越快，效果就越好。

方法八：讲好故事。好的故事比单纯的产品文案更有传播力，给新产品讲好故事更容易让受众或消费者记住新产品。

四、掌握新媒体运营的小技巧

1. 新媒体账号设置技巧

第一，账号、头像设置。主要有三个方向，即名字、头像、品牌内涵。好的账号名字是成功的第一步，能让受众知道你是谁并快速记住你。可以采用的七个方法：场景、目标用户、功能、价值、品牌内涵、常用、企业名字。其设置标准的要求是极简、色泽鲜明、关联名字、看得清楚。

第二，账号介绍。告知受众自己是谁。账号介绍的七个方法是：提供什么服务、用什么形式服务、强调影响力和权威性、证明专业性、使命和愿景、价值观和理念、一句话激发兴趣。具体标准要求是轻而易举地转述，不纠结、容易决定是否要关注。

具体到新产品推广和传播上，企业新媒体账号的设置可以采取老账号新介绍及新头像对新产品进行宣传，有条件的企业也可以重新设置和新产品相关联的新产品推广账号。

> 小提示：在账号的设置与介绍及头像上要注意统一化、形象化、品牌化，并且标签最好跟以后发布内容的垂直领域相关，这样可以提高指数，得到平台较多的推荐，粉丝才会多起来。

2. 新媒体标题出彩的三个技巧

爆款内容都离不开好标题。在新媒体领域，好的标题意味着高颜值，新媒体内容要产生流量，吸引受众眼球快速形成传播，好的标题不可缺少。如何让标题出彩呢？

技巧一：蹭热度。除了名人，其他的权威机构、权威平台，能够增加内容的可信度和浏览量，如《人民日报这样评价 ×× 行业》等，标题就是利用高知名度解释低知名度，降低用户认知成本，通过蹭热度当引子，牵引出想说的观点，降低认知成本。

技巧二：巧用数字。用年龄、时间、钱等数字描述。如《毕业2年，从事××行业，从月薪2000元到年薪25万元》《同一件事，女博士后花了90万元，而农民工花190元搞定！》《30岁以后，你应该这样面对健康》等，就是利用数据让事实直观化或形成反差，从而强调效果或事实的惊人。

技巧三：增强代入感。主要做好情感共鸣。如《××人都不知道的10处好地方，人少景美还省钱！》《为什么中国人这么爱喝热水？》等，就是利用人们对身份的认同感，直呼这群人的“大名”以引起他们的注意，让他们意识到这事与我有关，帮助用户自然代入，从而引起共鸣。

小提示：标题党同样需要技巧。

3. 新媒体引导用户点赞的五个方法

互动是新媒体的重要特征之一，新媒体文章或者视频的点赞越多意味着浏览量越高，因此，有意识地引导受众点赞也会提升内容的曝光量。具体方法是：

（1）文章末尾或者视频结尾要用一些能够引发用户共鸣的句子或者文字。一个精彩的结尾，更能戳中受众。

（2）用一句话、一张图引导点赞。如“壮士且慢，赞完再走”“不给小湿妹分享点赞就想走？来个赞！”“创作不易，请点击小红心点个赞”。

（3）打感情牌求赞。如昨天头条点赞才6000多，创了历史新低，我心如刀绞啊……据说该视频点赞可以超过10W+。虽然有求赞的意味，但人们更愿意为一个有感情、有温度的人点赞。

（4）人性化。偶尔设置一点小福利或者小奖励，更能激发受众的参与度。

（5）在评论区营造点赞文化。

4. 提升评论区留言的七种方法

（1）运营一些捧场王。管理好自己新媒体的粉丝是新媒体运营的关键，但是比这更重要的是，要找到意见领袖和粉丝中的活跃分子，这是新媒体活跃性的体现，也是新媒体能够快速传播的原因。

（2）选评论要及时。人都希望被认可，都希望自己的观点能被接受、被认可，这样才能在后期积极参与评论。

（3）回复评论要及时。及时回复才能让受众和粉丝感到自己被重视。

（4）回复评论要机智、幽默等。没有哪一个新媒体的粉丝或者受众喜欢没有温度的、机械的、冷冰冰的回复。

（5）文末或者内容中提示用户评论。让受众或者粉丝参与进来，才能提升新媒体的活跃度，如在文中或者视频中间提示欢迎各位朋友在留言区或者互动区发表意见。

（6）内容中给自己设置槽点。人总喜欢证明自己，有时候适当地在文章或者视频中留一点错误和不足，也会增加评论区的留言。

（7）基于评论区做活动。发放小礼物也是和粉丝或者受众互动的有效方法，如给在文章或者短视频留言区进行评论的前三名用户（受众）赠送优惠券或者礼物，让受众积极参与。

5. 蹭热度、找热点的三个工具

原创性的热点对新媒体来讲不是时刻都能想到的，所以新媒体运营人员，除了资深创意外，还需要学会蹭热点，利用热点话题进行再创作，从而让新媒体运营的内容产生流量。热门话题一般可以通过以下三个工具找到：

工具一：百度搜索风云榜。百度是全球最大的中文搜索引擎和中文网站，百度搜索风云榜就是以数亿网民的搜索行为为基础，将关键字进行分类，从而形成榜单。用该工具寻找热门话题的方法是：

打开百度页面，点击页面右上角的更多产品，就可以看到“风云榜”，或者直接在百度中搜索“风云榜”。从而找到实时热点、七日关注和今日上榜的话题。

工具二：微博搜索榜。微博是现今用户在网络中使用最多的社交平台之一。微博用户既可以在微博上浏览感兴趣的信息，也可以发布内容供别人浏览，同时用户之间还可以对热点话题进行讨论。微博热搜榜就是微博对当下热点最及时的整理和归纳。用该工具寻找热门话题的方法是：首先打开微博首页点开微博搜索按钮；其次点击输入框，就会弹出热搜榜的部分内容，找到“完整热搜榜”，点击进入就可以看到完整的榜单。

工具三：一帧数据平台。一帧是全网第一视频营销数据平台，提供内容热门热点挖掘和行业分析及粉丝画像等内容，是新媒体视频宣传挖掘热门话题的重要平台。用该工具寻找热门话题的方法是：用百度搜索一帧数据，找到平台首页，然后点击“排行榜单”，进入排行榜单就可以看到创作者、视频热榜度等。

五、新媒体运营需要注意的事项

1. 新媒体标题使用的注意事项

标题太长，用“逗号”“感叹号”“冒号”等标点符号断句。

“感叹号”比“句号”更吸引人。

标题字数通常不能太长，显得累赘；也不能太短，显得无力。

标题中应该有吻合内容主旋律的关键词。

2. 新媒体运营过程中需要注意的事项

（1）注意发布内容的时效性。任何一则互联网信息都是具有时效性的，并不是所有的信息都可以在任何时候走红网络。如果能将热点资讯第一时间发布出来，就能够抢在他人前面吸引粉丝的注意力，第一个发布的内容获得粉丝的关注度也可能最高。如果第一时间发布的内容独一无二，那么粉丝就会更加集中到这个账号上。

（2）注重账号的信息分享。互联网之所以传播速度这么快，就是因为具有分享功能，可以快速有效地传播信息，这也意味着发布的信息可以被无数人看到。

（3）注意发布内容的标题和内容。新媒体运营者，在平台上发布的每一条内容都必须注重其传播性，对于发布内容的标题和内容的细节都必须仔细考虑，思考内容中的每个文字或者词的表达是否到位，或者是否会给粉丝带来不好的印象，思考粉丝对某些新媒体发布的内容那么感兴趣的原因，找到自己分享的内容表达不合理的地方。

（4）注意在账号运营中结交新的朋友。企业在新媒体的运营中，运营者自身不仅需要把产品丰富和完善好，还要不断发展自己的人脉关系和交际圈。和现实的人际交往一样，需要各种人脉关系的支持和帮助，如果能够在新媒体运营过程中，充分利用各种人脉资源实现资源的交换，就可以事半功倍。

3. 新产品内容编辑需要注意的六个常识

第一，清楚认知自己的文章或者视频是给谁看的——找准目标群体。

第二，学会增强代入感、蹭热点、戳痛点、画龙点睛、加数字 5 个套路——增加流量和曝光度。

第三，开头要言简意赅说重点，让受众有看下去或读下去的欲望——快速获取注意力。

第四，要有自己的调性，三观正，不盲目跟随——有所为而有所不为。

第五，故事或者内容要有好的结尾，最好是帮助受众进行总结——增强代入感，引发共鸣和认同。

第六，文章或者视频内容一定要结合企业或者自身和行业、社会来进行内容创造，不能天马行空——术业有专攻。

利用新媒体快速实现新产品的传播，还需要在媒体运营过程中做到学习和坚持，对不确定性的东西，要勇于向同行借鉴学习，尽量减少试错成本；在运营中要坚持原创、坚持与粉丝互动、坚持做出自己的风格。只要坚持一定会有收获，一定会取得新媒体对新产品传播的效果。

第五章

误区篇

第一节 新产品开发应避免的三大误区

新产品开发是企业远离残酷竞争、获取持续经营优势和实现发展目标的不二法宝。很多企业在新产品开发过程中和市场推广活动中投入了大量的人力、资源和金钱，但最终回报却让人不满意，甚至有的企业失去了再次卷土重来的本钱。综观这些企业失败的案例，可以发现很多企业的新产品之所以失败，是因为在新产品开发过程中战略定位、思路认知及开发流程存在误区。

一、新产品开发战略定位方面的误区

战略是指路明灯，战略是方向和取舍。一些企业在新产品开发方面朝三暮四、浅尝辄止，或者遍地开花、广种薄收，为了开发新产品而开发产品，最根本的原因就是战略缺失。有效的战略定位能使企业明白自己该做什么，不该做什么；能使企业为其目标顾客创造出独特的价值；能使企业将有限的资源聚焦能产生最大绩效的几件事情上。缺乏清晰明确的战略定位的企业，在新产品开发方面可能“赢得一场战斗，但很可能输掉整场战争”。由于战略定位的缺失，导致新产品开发步入以下误区。

1. 新产品开发简单抄袭与模仿，缺乏创新

这是企业最容易出现的新产品开发误区。很多企业根本没有市场调研，也没有针对目标消费者的研究，往往是看到市场上什么产品好卖就推出类似的产品，把跟随成功的产品作为新产品开发的一种方式，没有自己的思路。企业推出的所谓新产品与市场上已经成功的同类产品相比，只是在包装或规格上有所不同，更有甚者就是“赤裸裸”的模仿与抄袭。在实际市场营销中，最常见的现象就是大量的企业一味模仿照抄知名企业的产品类别、包装、规格等，在实际的产品推广过程中主要通过打价格战，低价竞争。所谓的新产品，毫无新意可言，没有竞争力，在业内和消费者中不能形成好口碑，自然很难取得成功。

> 小提示：新产品开发进行跟随在品牌或企业刚开始切入市场时是一个可行的方式，但品牌有一定的知名度之后，必须走自己的路线，要使新产品具有独特的市场竞争力，不要习惯于简单的模仿或抄袭。否则，开发的新产品不仅没有新意、没有竞争力，不被消费者认同，由于习惯了跟随，还会使企业丧失自主创新的能力，品牌缺乏原创的能力，甚至会永远步人后尘，在业内和消费者中不能形成好口碑，从而无法赢得美誉度。

2. 新产品开发过分标新立异，忽视产品的特性和本质

与简单模仿不同的是，随着市场竞争的日益加剧，在供过于求的时代，企业知道同质化的产品在竞争中获胜是非常困难的。为了从严重同质化的产品中脱颖而出赢得消费者，很多企业为了实现产品的差异化，在产品开发上开始注重对产品独特概念的提炼，追求新产品的“新”“奇”“特”，结果推出的新产品过分标新立异，很多新产品的包装的确新颖，也能够瞬间抓住消费者的眼球，但产品究

竟是什么、产品的核心诉求点是什么，消费者要看半天才能弄明白。很多新产品过分追求新概念诉求，推出的新产品概念太新或太专业，目标消费者对产品诉求的概念根本不知为何物；这些新产品的概念与产品并无关系，这样的新产品自然是让消费者敬而远之，迟早会被淘汰出局。

小提示：新产品开发标新立异，追求差异化，本身是没有过错的。如果这个差异化只是简单地停留在包装和概念等低层次的差异化上，没有从产品的本质上进行提升，这种差异化生命力往往不强，只是在做无用功。为了吸引消费者，新产品开发一方面要从技术、科技含量及行业壁垒上下功夫；另一方面要结合产品的特性深挖和提炼独特的概念，围绕产品的特质做文章，通过创新及差异化，细分目标市场与消费者，从而寻找新的消费群，这才是新产品开发的王道。

3. 新产品开发与企业定位、品牌路线不相符

企业在发展过程中总会给消费者留下相对固定的形象，即该企业是做什么的、主要生产哪种类型的产品。出于对消费者需求变化、竞争环境变化及企业发展现状的考虑，很多企业采取多元化或经营方向转型的战略，如卖糖果的企业转型卖饼干，企业推出的新产品与企业原有的产品类别相差甚远，自然会大大出乎消费者的意料。由于对企业根深蒂固的印象，目标消费者怀疑新产品的“专业程度”，接受程度自然打了折扣。

任何一个企业的品牌都有一条清晰、准确并坚定不移的品牌路线，这个品牌路线就是品牌定位、品牌诉求、品牌风格等融合而成的品牌发展方向，是一个事关企业长期发展的战略性、方向性的问题，也是一个品牌在消费者心目中“是白不是黑”“是甲不是乙”的

区别于竞争对手的个性化体现和认知。新产品开发是策略性问题，应该不断强化品牌在消费者心目中的个性，为品牌做加法，而不是减法。因此，新产品开发必须与品牌路线相符。

小提示：在开发新产品过程中，一定要弄清楚企业的定位，有所为而有所不为，懂得取舍，清楚自己的品牌路线是什么，并且让新产品开发围绕企业的定位和品牌线路展开，这样才不会让消费者对企业开发的新产品、广告表现等摸不着头脑。

二、新产品开发流程方面的误区

战略定位是让企业“做正确的事”，而流程设计则是为了让企业“正确地做事”。有正确战略定位的企业不少，但如果流程设计不对或者流程实施质量不高，最终也难以开发出成功的新产品。流程是最佳实践的总结，是企业做事的规范。设计和实施经实践验证系统有效的流程，能使企业缩短自行摸索前行的时间，避免走一些不必要的弯路。“多、快、好、省”地开发出新产品，是新产品开发流程设计和实施的目的。企业在新产品开发流程方面容易出现的误区主要体现在以下几个方面：

1. 新产品开发主观随意，缺乏系统科学的开发流程

在项目筛选、开发、测试和上市的各个阶段相互衔接之处，缺乏有效的检测和评价标准。很多企业对新产品开发并非源于对客户的分析，完全基于管理者的“拍脑袋”，以管理者个人的主观意志臆断代替市场实际情况和消费者需求，或者以管理者的意志和经验作为新产品的依据和产品的构思定位，以“边做边想”为指导思想，先开发产品然后再去论证这种新产品构思定位实现的可能性和必要性。更有甚者，管理者“拍脑袋”先把产品生产出

来，再考虑满足哪部分消费者。这些企业对于新产品开发的程序没有科学的指导思路，对新产品开发没有进行必要的论证阶段和市场调研，没有正规营销理论做背景，也没有专业调研公司的市调数据做支持，只是决策者多年深积厚累的市场感觉，其灵光一闪，结果很可能是“一步错，步步错”，好比建房子，事先没有蓝图或者基础没打牢，要么房子建不起来，要么就是建起来也很快倒塌。

小提示：完善的流程是为了规避新产品失败的风险而设立和制定的有效管理制度。成功的新产品开发经验表明，新产品的开发应严格按照系统科学的流程，进行非常严肃的市场、技术和商业可行性研究。

2. 新产品开发闭门造车，忽视市场调研等基础工作

开发新产品必须建立在充分的市场调查基础上，先发掘消费者的市场需求，再生产出适合的产品来满足这类消费者的需求。但现实中的企业由于开发人员受决策者主观定位的限制，往往会淡化市场调查工作，忽视市场消费需求，在新产品的开发上闭门造车，其主要表现是各部门各司其职、各自为政，缺乏必要的沟通。新产品由研发部门来研发，他们根据自己所搜集掌握的资料凭借实力进行研发，而新产品却由销售部门来操作，至于市场上缺少什么对研发部门来说不重要。重要的是，他们在研发新产品。即使销售部门与之沟通，研发部门常常凭借惯性思维认为目前还达不到条件而放弃。所以，研发部门研发什么产品，销售部门就销售什么产品，结果是所开发的新产品并非消费者想要并真正有需求的新产品，导致新产品开发的失败率很高。

小提示：新产品开发要广开言路，注意收集市场反馈和调查的信息，做好市场调研等基础工作，客观评价产品的市场现状，集思广益，基于消费需求，要求研发人员开发适销对路的新产品，切忌在产品开发中“闭门造车”。

三、新产品开发思路认知方面的误区

思路决定出路，认知的高度决定行动效果。新产品作为推动企业业绩增长的核心要素，哪一家企业不将开发新产品当作自己的核心任务？但是，很多企业由于对新产品开发思路不清晰或认知高度不足，导致对于如何才能成功开发新产品心中没数或者茫然，在新产品开发上走入极端，或者新产品开发具有很大的随意性。思路不清晰和认知高度的不足，导致新产品失败主要表现在以下几个方面：

1. 新产品开发贪多，缺乏对新产品的理性规划

新产品的开发除了要做必要的市场调研，找到市场需求和消费群体外，还需要企业对新产品开发进行必要的规划，这样才能把握节奏，减少在新产品开发过程中的盲目性。现实中一些企业对于新产品的开发抱着“多子多福”的心态，认为产品开发越多越好，产品多自然销售就多。因此，不注重对新产品开发进行“计划生育”，企业的产品开发往往是为开发产品而开发，造成产品开发的无计划性和盲目性。最终结果是，企业真正能够沉淀下来的成功产品少之又少，甚至有的企业一年向市场上推出几十个新产品，但没有一个成功的。

小提示：成功的新产品固然能给企业带来效益，但是每一个企业的人、财、物资源都是有限的。新产品的开发要做好理性选择，把握新产品开发的节奏感，不要同时推出太多的新产品，这样会分散企业的资源，特别是研发、销售、市场等方面的资源。应该在提升现有产品竞争力的同时理性地选择新产品项目，做到新产品开发不能只关注数量，还要关注质量。

2. 新产品开发过度追求技术指标，忽视消费者实际需要

每个企业在推出新产品的时候都充满信心，认为自己的“孩子”是最棒的，对新产品之所以充满信心，往往是认为自己的产品比同类竞品好。比如产品的品质更好、口味更独特、原料更丰富等，就认为自己的产品比别人的好，一定会成功。出于这种心态，导致很多企业在新产品开发上步入过度追求技术指标这个误区。在新产品的开发工作上，缺乏对市场客观全面的调查和了解，忽视市场的实际需要，过度追求产品在技术指标上的先进性，走进“技术指标是企业新产品成功的保证”的误区。在新产品开发上无限制地放大技术指标的战略意义，使开发出的产品虽然具有较高的技术指标水平，但也导致新产品的成本过高，指标过剩，缺乏市场需求。

小提示：新产品开发一切从消费需求和竞争态势来考虑，而不是基于产品！在符合国家标准和健康安全的前提下，技术指标是个相对的概念，不是越高越好。优异的产品如果没有适应市场竞争、消费者需求等变化，只是孤芳自赏而脱离消费实际，造成新产品成本过高，缺乏竞争力，渠道难接受，消费者也不买账。

3. 新产品开发消费人群定位求全，忽视细分市场

不同的产品对应的目标消费者是不同的，不同的消费者表现出了不同的消费特征与消费喜好。每一个新产品在开发前期的构思阶段，企业前期都会进行大量的市场调研和可行性论证，以确定产品的目标对象，给新产品定位。但是，受各自能力、认识的限制，很多企业会在新产品定位时走入误区，幻想着所有人都是产品的消费者，认为新产品只有老少皆宜、男女通吃、人人都能买，才会有销量。所以，在新产品开发时过于偏重产品的普适性，希望其适合尽可能大的销售对象范围，结果导致新产品同质化严重，差异化不明显，没有特色，最终陷入恶性竞争。

> 小提示：营销的本质是为部分人提供服务。在市场中，企业的任何一款产品都不可能同时满足所有消费者的需求，只能满足部分消费者的需求，每个细分市场的容量都不能小觑。只有定位精准，抓住核心目标消费者的需求，让他们先消费起来，市场才有机会激活。

4. 新产品开发急于求成，忽视前期市场研究工作

新产品的开发是一项系统工作，企业要成功开发出新产品，首先必须深入研究消费者，通过消费行为和消费态度来洞察隐藏的消费需求，确定目标消费者及核心需求。然后，围绕消费需求提炼要开发产品的概念，对计划要开发的产品轮廓进行初步的描述，包括产品形态、产品特性（或功能）、能解决的问题等，确定后再进一步明确产品原料、配方、工艺、包装、设备、成本等。以上相关环节，任何事情都必须做对、做到，只有环环相扣，才能使企业顺着正确的路径开发出成功的新产品。但是，在新产品开发中，一些企业对这些前期市场研究工作不重视，缺少足够的耐心，在新产品开发上

贪图速度，急于求成，只热衷新产品研发方面的技术工作，忽视对市场研究基础工作的完善，由于前期基础工作不扎实、定位不准确而失败。

小提示：基础不牢地动山摇，新产品开发作为一项系统工作，洞察消费需求作为新产品开发的开端，只有做好这个基础工作，才能避免新产品开发走弯路。

第二节　新产品上市营销的战略误区

新产品上市是企业的希望和重要的战略举措，对企业发展具有重大的意义。同时，新产品上市也面临着很大的风险。只有成功上市，才能为企业带来预期的效果，一旦失败，带给企业的不仅仅是资金上的损失，还有时间和机会的损失。因此，新产品上市，企业必须在战略上高度重视，避免走入误区。

营销战略方面的误区主要表现在企业缺乏清晰的新产品上市营销战略，或者企业根本就没有营销战略，或者是对自身能力把握不足，过于高估或低估自身的能力。新产品只是为了上市而上市，从而导致新产品上市失败，其具体表现在以下方面。

一、误区一：新产品上市缺乏战略，市场运作谨小慎微

B 企业成立于 2009 年，是一家以羊乳制品生产为主的企业。企业拥有先进的生产技术，在羊乳制品行业是独一无二的，产品营养丰富，前景广阔，并且以开创第三业态进入独特的销售渠道进行产品销售。该产品符合现代的饮食要求，有极大的市场空间，唯一的难点在于传统认识中人们对羊奶膻味的忌讳，但该企业的产品已完全达到科学除膻的效果。

该产品推向市场后，B 企业在没有进行任何市场分析和市场规划的情况下，考虑新产品上市存在很大风险，决定先选择在企业所在地进行试销。前期依靠自身的关系资源建立了五个销售网点，但基本上是自然销售，没有售后，没有促销，没有宣传。由于宣传和促销滞后，产品销售基本上属于朋友介绍。一开始，销售还算乐观，但网点商觉得仅仅依靠介绍销售太累，不再推荐，销售也陷入僵局。面对新产品销售进入僵局，企业没有认真分析营销方面的不足，而是认为产品有问题，产品因此被扼杀在摇篮之中。

分析：新产品上市超过企业现实的投入不行，没有投入更不行。没有宣传和推广的新产品也有成功的，但毕竟是极少数，这也是需要过程的，需要认真地做市场、渠道和销售，做好售后服务。而 B 企业的产品是一个全新产品，市场认知本身就有一定的难点，靠自然销售是压根不可能成功的。更何况作为一个试销市场，如此做法更会对企业的战略决策造成影响和失误，没有认真经营市场从而造成销售困难。如果仅以此结果对这个产品的市场需求和发展妄下断论，恐怕是有失偏颇的。

正确做法：新产品上市必须战略先行。具体做法是：先进行充分的市场分析和市场论证，再对新产品进行定位分析，清楚新产品

的竞争优势和发展前景，并据此设定新产品的市场发展目标。这个市场目标必须有总目标和阶段性目标，在上市过程中要控制推进，分步实施，并根据新产品在市场上的表现，及时调整企业的营销战略和营销手段，在做好市场推动工作（渠道人员推动）的同时，兼顾市场的拉动（市场促销和宣传）工作，做到市场推拉的有效应用，千万不能谨小慎微，贻误战机，让新产品没有死在市场，而是死在自己手中。

二、误区二：新产品上市缺乏统筹，盲目进行市场投入

2007 年，A 酒业为应对市场冲击，推出一款新酒。为了保证新产品成功上市，公司在不考虑自身实际的情况下，在没有明确市场发展目标的情况下，集中所有的可用资金，并特意花巨资聘请国内某知名演员担任产品形象代言人。此举可以说是在 A 酒业建厂几十年来从未有过的事情。同时，A 酒业又投入广告进行宣传，以此配合新产品上市。一时间，新产品铺满了各大酒店、商超和终端销售网点，再加上大奖促销，迅速打开了销售局面。但好景不长，由于企业资金流问题，奖品不能及时兑现，甚至根本不兑现，经销商抱怨连天，消费者也开始质疑厂家，“好事不出门，坏事传千里”，产品很快就陷入销售困境，进而完全停滞。业务人员不敢面对经销商，售后服务工作也完全中止，新产品上市就此宣告失败，产品失败带来的信誉危机对老产品也造成了致命的打击，A 酒业从此一蹶不振。

评析：没有很好的全盘统筹新产品上市，盲目投入，执行不到位是 A 酒业产品上市的失败之处。新产品上市前的投入固不可少，但是若大量的投入造成企业资金短缺，无法有效进行产品上市的后

期维护和推广工作，就会为新产品埋下失败的种子。如案例所述，新产品上市本身成功率就很低，如此大量的投入，一旦失败，就会为以后的新产品上市造成影响。一次投入失败，以后新产品要企业投入恐怕会很困难。

正确的做法：新产品上市的投入必须有计划、有预备、有步骤和有思路。具体是先做一年短期、三年中期和长期的目标规划，尤其是第一年的短期目标制定最重要。常言道："万事开头难。"目标制定的高层管理者一定要知己知彼，将目标细化为可操作的行动计划及费用预算，要考虑竞争及各种风险，同时在运作过程中对目标进度进行流程规范化管理，及时纠错。在影响目标的各种要素发生改变的情况下，要调整目标，不可夜郎自大、盲目乐观。对所有新开发市场前六个月的目标要以占领终端网络为主、销售为辅，后六个月要两个目标同时考核，另外费效比和销售回款周期也是两个较好的管理参数。在制定目标时要清楚盈亏平衡点在哪里，要根据财力状况快速度过启动期，长期亏损的目标体系是不适合绝大多数国内中小企业的。

三、误区三：新产品上市缺乏市场发展规划，盲目进行市场扩张

C企业作为全国知名的食品企业，2010年推出了一款"植物杂粮"产品。该产品上市后市场发展速度很快，在短短的半年时间先后完成了浙江、广东、湖北、安徽、河南等省份的市场开发。当年9月，新产品已经发展至全国近15个省的大部分市场，看到新产品的发展势头良好，企业先后招聘和直派业务人员100多人，覆盖市场进行市场开发，虽然市场空间很大，但是随着市场的扩大，问题很快显现出来，生产、运输纷纷告急，市场营销推广、售后服务力不

从心。2011年3月起问题越来越突出。一方面经销商叫苦连天，打款无货或者货物批次陈旧；另一方面市场人员疲于奔命却没有好的结果，整个市场发展陷入停滞，为此企业先放弃东北、京津冀等市场。7月左右，云贵川等市场被迫退出，销售人员由过去的100多人锐减到30人，后续市场也逐渐萎缩，最终在市场很难看到该产品。

分析：一些企业的新产品一上市，刚刚有点好的苗头，就开始把全国市场的开发作为企业的目标，认为只有全国市场都有货了，自己的产品就成功了。最终的结果是，企业市场扩张很快。但是，随之而来的往往是由于战线太长，企业物流、宣传、服务等资源无法满足市场的需要，造成企业人力、物力和财力的浪费，最后不得不败走麦城。任何企业在新产品上市后，必须正视中国市场国土面积大、城市化程度低、多民族、消费行为的多层次及地域文化的差异等市场环境的特点，除极个别企业和产品外，任何一个企业和产品要想在中国市场做大做透都是不现实和不可能实现的。再强大的企业，执行力都是有限的，新产品上市可以有许多好的想法，但也要结合企业的实际情况，在合适的时间做合适的事情，避免什么都做却什么都没做好。

正确的做法：以点带面，步步为营，做到重点突出，扩张有序。企业在上市新产品时必须根据企业资源、产品、体制、网络等情况开展营销推广；对于全新的公司推广全新的产品，企业最好在打造样板市场后进行招商或向外部拓展，避免营销方案的失误造成无法挽回的损失；对于老企业上市新产品，切忌将新产品盲目导入已有的销售网络，在上市前一定要将产品理念及市场推广计划告之网络操作者，没有认同是很难做好新产品的。同时，要分析你的网络的可利用程度，分析你的市场经理的业务能力、产品知识和市场认知情况，任何一个不到位，都难以让新产品卖好。

在操作过程中，可以先集中力量，在全国市场中选几个不同类型的区域市场，先帮助它们获得局部成功，建立企业的样板市场，然后总结经验，再导入其他市场。通过不断总结、不断开拓，最终将新产品推广开来，完成对全国市场的招商。滚动式发展是众多企业新产品上市常用的一种方法。

四、误区四：只下新产品销量指标，忽视制定营销考核和激励方案

D企业经过广泛和大量的市场调研，经过研发人员近半年的努力，推出了一款非常具有竞争力的新产品“营养动力”植物蛋白饮料，鉴于该产品的市场前景和市场竞争力，D企业决定把该产品作为2017年的重点推广产品。但是，事与愿违，该产品上市后推广一直不理想，老板非常着急。为此，特意邀请了赢天下营销咨询公司进行调研。

赢天下公司经过调研后发现，该产品从价格、定位及市场前景等方面都不存在问题，问题的关键在于该产品上市后，由于企业对业务人员只有销量指标，没有针对业务人员出台任何激励和考核措施。于是，业务人员便想推广就推广，不想推广就不推广，找到症结后，赢天下公司给该企业制定了一份针对新产品的详细考核和激励方案。方案确定了，所有业务人员头上都挂上任务指标，推广不力要受到处罚。

营销总监、大区经理、区域经理推广不力要受到降级甚至撤职处分，同时在新产品推广中开展擂台赛，只要业务人员大力推广并有业绩，可在正常的薪资方案外拿到相应的奖金，并在月度营销大会上成为讲师，向大家传授推广经验。一定时期（以三个月和半年为期）销售特别突出的，召开全体营销人员会议，由企业董事长和总经理亲自颁发奖状和奖金，并且这些人员作为企业将来干部选拔的优先

考虑对象。该方案一实施，马上在营销团队中引起震动。没过多长时间，D 企业的这款新产品的销量就在原基础上翻了十多倍，业务人员的信心和士气得到大幅度提升。过了几个月，这款新产品扎根开花，该企业也很快引起同行的重视，盈利能力大幅提升。

某公司推出了一款新产品，安徽区域的经理通过努力，新产品的推广非常顺利并取得不错的业绩，但是有一个市场的经销商却拒绝投放。由于该经销商是公司的一个大户，与公司领导的关系非常好，管理难度比较大。为了实现新产品在该市场的上市并推广，该经理和公司领导经过沟通达成共识，把该市场新产品定了考核目标，并把其他产品的促销政策与这些新产品的考核目标捆绑在一起。经过这一措施，该市场的经销商从不得不推广到后来的积极推广，销量也迅速提升。

分析：良好的激励措施和营销考核方案可以为新产品的上市助力，这也是企业的新产品能否成功推广的关键因素。许多企业的新产品之所以推广不成功，就是因为企业对营销团队和经销商队伍的激励措施和营销考核方面没有引起足够的重视。主要表现在两个方面：一方面由于企业对业务人员既没有考核也没有激励，这样一来，业务人员便不会主动推销，新产品还没有走向市场，就先被自己的营销团队否定了；另一方面由于新产品缺乏有效的激励措施和考核，经销商没有足够的压力和动力，就不会在市场推广上给予新产品足够的支持 / 配合和资源上的倾斜，就会影响新产品推广的力度，让新产品走向市场的道路变得曲折。

正确的做法：首先，要把新产品上市的意义和市场前景给业务人员和经销商讲明白，让他们清楚大力推广这些新产品能够带来的利益，不推广新产品带来的影响，从思想上统一认识。其次，制定行之有效的新产品推广的营销考核和激励方案，从根本上调动企业营销团队中新产品的“掌门人”——营销人员的积极性，让新产品的“驱动者”——经销商及分销商有热情，让渠道末端的众多零售商有足够的动力。最后，要在不同的环节采取不同的激励方式。

对于营销人员，可以通过直接的物质加精神激励的形式予以体现，对新产品推广不力的人员还要采用负激励（即惩罚）的方式予以鞭策，如案例中D企业的做法。

对于经销商及分销商，要通过大力度的物质激励(返利、折扣等)，以及非物质激励，如培训、旅游、联谊会等方式，激发其推广的热情，更好地让产品铺到千家万户。比如经销商推广新产品达到一定程度时，由企业出工资给该市场派驻助销员，帮助经销商进行产品宣传推广和做其他工作。为了鼓舞经销商，企业高层可亲自到那些重要的市场和新产品推广好的市场拜访。

对于零售终端及消费者，要通过模糊奖励、刮刮奖卡、幸运抽奖等形式吊其胃口，从而让其在推广新产品的过程中，发挥主力军及生力军的作用。

五、误区五：只重市场销量，忽视品牌建设和宣传

E企业新产品“活力维生素”饮料投放市场后，E企业在不去考虑自身新产品有没有品牌做基础的事实，希望在较短的时间内形成产品热销，在只有促销政策支持，没有任何宣传投入的市场指导方针下，给整个销售团队下达了半年内回款2000万元的销售指标。面对上级领导给出的不可能完成的目标，E企业的销售团队在“努力做销量”的营销方针指导下，开始在促销政策上做文章，并设定了经销商进货额度越大促销政策支持越大的进货奖励政策。由于有高额进货奖励政策的支撑，在前两个月市场销量攀升非常快，月度销售额达到了预期300万元/月。但是，进入第三个月后，由于市场动销慢，销量出现了断崖式下滑，月度销售额仅有100万元/月，

且市场开始出现窜货和乱价行为。第四个月销售额跌至10万元/月，第五个月“活力维生素”饮料再也没有了“活力”。一方面经销商卖不动货；另一方面市场一片哀鸿，产品价格彻底击穿，产品只有更低的价格没有最低的价格，“活力维生素”彻底失去了活力。

分析：品牌与产品销量是相辅相成的，二者不可偏废。很多企业推出新产品的目的仅仅是增加销量，并没有将新产品做成品牌的意识或意识不够强烈。在只要销量不要品牌的理念指导下，企业往往会忽视三大问题：第一，没有明白企业新产品究竟满足的是什么需求、哪个层次的需求，新产品虽然在促销和市场支持的引导下，实现了部分销量，但是这种销量只是假销量，最终会因为没有目标消费者和缺少重复购买的消费者而失败；第二，形成的销量没有相应的拉动能力做支撑，毕竟无法长久；第三，由于忽视品牌建设，缺乏有效的宣传，导致产品没有知名度，网点的要价越来越高，新产品的正常利润无法支撑渠道网络建设费用，新产品成为企业的负担。

这三大问题的出现，让企业发现在市场上相同外形、相同质量、相同价格的产品，却因拥有不同的品牌而命运迥异，这就是没有品牌造成的结果。企业要提高新产品的生命力，只能从提高企业的推销能力和宣传方面入手，扎扎实实做好销售的基础工作和宣传工作，做好新产品的品牌建设工作。新产品的销量如果没有品牌做基础，新产品的发展将成为无本之木、无源之水，难以长久。

正确的做法：“兵马未动，粮草先行。”新产品上市要学会先打雷再下雨，雷打得越响，产品的知名度就越高，上市的难度就越小。尤其是当今供大于求的市场“滞胀时代”，销售就是“存在即被感知”，即顾客只相信、购买他们所“感知”（知道、听说）的产品（即品牌产品），任凭你的产品多么优秀，如果不善于广告宣传或者不进行广告宣传，新产品就难以被顾客“感知”，新产品也就难以建立起知名度和品牌，新产品就很难销售出去，就等于“不存在”。那种“先上市再慢慢宣传”及“有销量就有品牌”的想法和做法，都已经落伍了。

具体的做法是，新产品上市之前，预先展开宣传攻势，建立新产品的知名度，为新产品上市成功奠定基础。

第一步，新产品刚上市，要考虑如何赢得渠道成员的认可和支持，成为渠道成员心中的知名品牌，只有采取有针对性的宣传，才能够说服经销商，增强他们的经销热情和信心，才能充分调动渠道成员的信心，取得渠道的合作与支持，有利于通路的顺利构建。一般新产品上市之初主要做好以下工作：第一，教育通路，用适当媒体向渠道传达企业综合实力和产品的优势信息及基本利益，发布企业的优惠政策、服务方式及推广支持；第二，宣传首次进货的好处，吸引尝试进货；第三，设定促销方案，帮助中间商进行分销；第四，加强对终端的跟进，促进试用和首次重购。

第二步，当渠道分销达到一定程度后，需要考虑如何对消费者进行宣传和推广，让消费者能够感知，进而拉动消费者。在此期间，需要做的工作有两个：第一，通过宣传告知消费者，让他们较详尽地了解新产品的有关信息，通过宣传让消费者认识产品，激发消费欲望，培育市场需求；第二，开展促销推广，以及多渠道的传播建立产品知名度、美誉度和吸引力。

新产品的宣传和品牌建立是一个持久的过程，不可能一蹴而就，企业必须清楚，循序渐进才是王道。

第三节　新产品上市营销的战术误区

在新产品上市营销过程中，企业要在整个销售过程中做到细节上的管控，避免在相关环节出现失误，导致新产品上市失败。一般而言，新产品上市营销过程中在战术上主要存在以下误区。

一、误区一：盲目追求铺货率，忽视有效铺货

为使新产品上市后能在竞争激烈的市场上脱颖而出，很多企业在新产品上市后把追求市场铺货率作为市场工作的第一要素，公司销售人员受市场铺货、销售指标和考核等因素的影响，也会以到处能看到自己的产品为荣，认为铺货率越高，终端能见率高，就会吸引消费者购买，符合看得见、买得到的基本原则。从理论上看，这并没有什么不对，但在实践中却并非如此。首先，新产品是新面孔，消费者的认识与认可需要时间；其次，新产品之所以叫新产品，原因在于无销售基础、无固定客户群，虽有尝试购买的消费者，但总体消费人群有限；再次，快消品的快速流转特性和保质期要求渠道快速消化，否则便会滞销形成退货；最后，大面积的铺货会导致终端推荐力下降，因为新产品上市对终端来说是其获取高额利润的一

种方式和机会，而大面积铺货会使终端失去这一机会，因而推荐力会下降，失去推荐力也意味着上市成功的概率下降。

正确的做法应是：铺货时应牢记有效铺货这一关键词，铺对货更重要，要找到对的销售网点，货铺得越对越好，做到重点突出，有所为而有所不为。在新产品上市铺货的过程中要有重点地铺货，做到先重点后普及，以点带面，通过销售生意好的或对该地区销售有影响力的能快速销售的终端形成购买力认识度和产品的影响力，吸引小的终端销售新产品。

二、误区二：单纯追求终端上货量，忽视货物流转

一般新产品上市，企业关注的第二点就是出货量，出货量多就意味着终端货物多。毕竟上货数量多意味着在终端面积大，能更好地吸引消费者的眼球，拉动消费者购买。但请记住，销售始于售后，售后服务是第一位的原则，在终端上新产品销不动，经销商和企业仍要解决退换货问题。对于终端而言，新产品出现销售不畅的情况，其推荐的信心就会下降，不管产品多好、有多大的利润空间，他都会认为不好。

正确的方法：少量多次，适度上货，快速流转，做到保证货物的新鲜度；采取促销推动措施先让新产品在终端动销起来；新产品上货坚持宁缺毋滥的原则，宁肯卖断货也不让货多了积压。

三、误区三：只注重前期投入，忽视后期政策的稳定性和连续性

在新产品上市初期，企业往往会在推广、促销政策、进货奖励及陈列等费用方面给予较大的支持，由于有优惠政策和市场支持，经销商看到有利可图，会想尽一切办法引进新产品；业务人员也会

为完成新产品上市任务，把主要精力放在新产品上。由于事先没有制定新产品上市的市场政策，往往会在新产品上市投入初期形成一定的假销量（未被消费者真正消化）后，在没有进行理性的调查分析后，市场支持和促销政策被取消，反复出现促销和市场支持一停销售就下滑的局面，最终导致新产品上市夭折。

正确的做法：在新产品上市之初做好新产品的市场开发政策，通过对市场进行分析，确定新产品的市场定位及市场开发步骤，明确新产品上市初期、中期及后期的优惠政策和市场支持，做到市场政策和支持既能适应新产品上市的需要，又能根据新产品上市的情况持续稳定，直至市场做精做透。

四、误区四：只注重市场销售技术培训，忽视产品培训

培训是投资，更是保证投资增值的手段之一。新产品上市，很多企业会给业务人员做相关的培训。但是在“销售第一”的思想影响下，在给业务人员进行培训时往往只给业务人员培训招商、终端开发、终端维护、市场铺货、产品陈列等关于市场销售技能的培训，认为业务人员只要市场操作技能娴熟，就一定会做好市场。在培训中，忽视对业务人员进行关于市场分析、产品知识、竞品知识等方面的培训，结果导致业务人员空有一身销售技术，缺乏专业的产品和行业知识，面对客户询问产品时，就会陷入不知如何给客户介绍产品的窘境。试问，这样的业务人员如何担当招商工作，又如何很好地完成新产品上市的铺货工作？

正确的做法：既要重视市场技术培训，也要重视产品培训，培训工作一定要全面。对于新产品一线的开拓人员，培训内容一般应包括企业理念和企业战略、营销策略及战术，产品的定位及卖点，品牌规划及传播策略，管理体系、程序及制度，销售技巧等方面。与此同时，企业的营销培训要根据不同的人员采取不同的培训内容。

对于新人，要注重全面的培训工作；对于企业的老人，要注重新营销理论和新产品知识方面的培训；对于进入企业时间不久没有经验的业务人员，则要注重企业文化、管理体系、程序及制度、产品知识等方面的培训，以便让他们尽快熟悉企业、工作流程和产品知识。只有这样，才能让新产品上市工作有稳定的基础。

五、误区五：过分追求理想，忽视速度

新产品上市的第一步务必保证产品的铺货率要在短期内达到合理水平。这一步必须快，只有当铺货率达到一定程度后，后继市场推广工作的效果才能迅速体现出来，但企业也不能花大量时间去等待铺货率提升到理想水平。因为如果厂家不能够让已铺货的零售终端的产品迅速回转起来，零售终端对产品的信心就会严重打折，为再次进货形成障碍。

正确的做法：先追求市场铺货速度，再追求完美，企业在新产品上市时切记：摒弃过去"蜗牛跑万米"式的观念和速度，已不合乎新经济的要求，只有抓住时机，先快速"飞天"，新产品上市成功后再"软着陆"，才有可能"笑傲商湖"。常见的短期提升铺货率的办法有：大力度的零售终端促销、组织业务人员集中扫街铺货等。

六、误区六：新产品上市缺乏创新，忽视渠道和模式变革

很多企业的新产品上市，都会陷入一种固定模式，尤其是一些老企业更是如此。不考虑产品的特性和新产品的市场定位，用老经销商，延续企业原有的营销模式；销售渠道还局限在卖场、商超及零售终端上，渠道开拓的力度普遍较小，缺乏对现代渠道的深度发掘；推广模式上还是采取传统的推广模式，缺乏对操作模式的变革

与创新，并且在现实操作中"从一而终"，不做改变，难以改变操作粗放或渠道受限的"沼泽地"，更不用说渠道下沉或直控终端了。造成这一局面的原因：一是业务人员的问题，因为新产品招商工作太难，推新产品难度也大，用老经销商省时省力，而且有老产品托底；二是企业管理者的问题，因为用老经销商速度快，可以短时间内有销量，而且进入市场难度小，风险也小。正是这种思维，导致很多新产品一上市就注定失败。

正确的做法：新产品之所以是新产品，根本原因在于新产品是企业过去没有现在才有；新产品之所以是新产品，还在于新产品和老产品之间存在不同，这种不同可能表现为市场定位的不同，也可能表现为消费人群定位的不同，而这些不同决定了新产品必须走自己的路。企业要勇于放弃原有的一些东西，要根据新产品的市场定位、人群定位等，在渠道选择和营销模式上做出变革，要根据新产品的定位和人群定位，选择适合新产品的新的渠道和营销推广模式，对销售渠道真正进行细分或区隔，真正细致而周密地对一些特殊的和新的渠道进行有效开拓。衡量的唯一标准就是是否有利于新产品在市场上能低成本快速发展并保持较好的市场秩序，只有做到这一点，才能使新产品上市全方位、立体式地更快速地推广开来。

七、误区七：新产品上市急功近利，忽视产品发展周期和坚持精神

任何产品都有生命周期，新产品也不例外。对于新产品而言，要让目标消费者接受更是需要经历很长时间的产品推广期或叫成长期。现在市场上新产品的种类日益丰富，各个企业新产品推出的速度也越来越快，消费者对市场上能见的新产品或企业的新产品推广动作早已习以为常，这些因素无形中也延长了产品的推广期。因此，任何一个新产品想在短期内快速取得成功都是不现实的。实际的市

场营销过程中，由于企业对新产品给予过多的希望，希望新产品一上市就取得成功，不能正视和面对困难和挫折，往往是新产品推广了一段时间看销量和利润预期相差偏大，或者推广过程中市场阻力较大，在不进行认真的分析和市场调研情况下，就盲目地认为该产品没有前途，就轻易放弃了，给产品下“死亡通知书”。接着“草率”地再上马其他新产品，企业不断开发新产品却很难推广成功，陷入了开发—推广—放弃—再开发的恶性循环，浪费了大量的资源，企业的新产品成功越来越难。

正确的做法：新产品上市要稳步推进，不能急于求成，要做好新产品上市后的战略发展规划的每一步，按照新产品的生命周期规律，在导入期要做好产品的铺市和市场导入工作；在成长期要做稳定新产品的铺市率和市场的推广、宣传工作，拉动产品销量的增长；在成熟期要做好新产品铺市率的提升及终端服务工作，稳步提升新产品的销量和市场占有率；只有在每个阶段做好每个阶段的工作，才能实现市场扩展和新产品销量的稳步提升，而这些工作不是一朝一夕完成的，需要坚持。

八、误区八：只注重招商工作，忽视渠道成员的利益分配

新产品的成功离不开渠道成员的努力，道理很简单，只有通过各级渠道成员的推广，新产品才能实现与消费者的“面对面”。在新产品推广的过程中，很多企业只是注重新产品的招商工作，把产品的相关政策和市场支持只传达到签约的经销商“耳中”或“手中”，对于经销商如何使用这些政策，各级人员则不管不问，一切都让经销商看着办。由于新产品的价格不透明，往往出现一级经销商贪图暴利，截留了原本应该给予下级渠道成员及终端的促销资源，直接导致终端销售新产品的积极性不高，新产品自然很难成功。

正确的做法：新产品招商工作完成后，业务人员一方面要建立

各个区域市场的价格体系，制定市场促销政策的使用要求和核销原则，只有价格体系建立起来，价格不混乱，各级渠道环节的利益才能得到保证，只有促销政策使用要求明确了，各级渠道成员才能了解企业的市场操作思路；另一方面业务人员需要进行必要的市场走访，监督价格体系和促销政策的执行到位情况和将产品价格体系、促销政策等向各级客户的宣传工作，这样才能防止一级客户截留市场资源，让渠道各个环节的利益分配趋于合理，这样才能调动各级成员推广新产品的积极性和主动性。

九、误区九：只注重销售渠道开发，忽视后期服务质量

新产品上市后，很多企业的业务人员在完成渠道的招商工作和对终端网点的首轮铺货后，就认为新产品的上市工作完成了，不再去做后续的市场推广和服务工作。殊不知，新产品虽然有前期的市场支持和优惠政策，但是对于渠道成员来说，新产品意味着高利润，但也意味着高风险；对于经销商来说，新产品滞销就意味着库存积压，资金占用；对于终端来说，如果新产品动销太慢，有可能面临着产品过期的风险。企业对于新产品实际推广过程中出现的经销商新产品库存积压及终端的新产品销售临期或过期，如果采取“不闻不问”的态度，这样的售后服务水平难以助力新产品的成功。

正确的做法：新产品上市，企业和业务人员在完成客户进货和终端铺货工作后，后续还需要做以下工作：第一，拿出营销方案和具体的行动，协助指导经销商做好新产品的出货工作，防止新产品库存积压；第二，对销售终端进行后续回访，采取产品陈列、促销及免费品尝等方式促进产品动销。

第四节　新产品包装设计要避免的“坑”

产品包装设计作为产品的门面，好的包装设计能赋予产品独特气质和灵魂，直接影响顾客购买心理，好的产品包装是最直接的广告，也是企业创造利润的重要手段之一。但是，当包装设计掉入这些“坑”时，包装设计不仅不能给企业创造利润，甚至会给企业带来不小的损失。

一、新产品包装设计常见的“坑”

一般而言，新企业和新产品在包装设计上由于缺乏经验或者法律意识淡薄，常会出现以下问题：

1. 产品设计图案侵权

余峰是蓝海食品有限公司一位从事一线销售工作的业务人员，因为销售业绩不错，被公司提升为市场部门的负责人，全盘负责企业的产品规划和市场策划等工作。从销售一线成长起来的余峰对市场有着很好的敏锐性，但是在产品规划等偏向市场策划等方面的确有很多不足。2015 年 5 月，余峰发现市场上有一款叫石榴果汁饮料的产品市场反响不错，市场的发展前景也不错，而自己的企业也具备生产该产品的能力，于是余峰决定也推出该产品。在经过各方面沟通后，该产品的上市方案获得公司的一致认可，由余峰全权负责该产品的上市工作。在进行产品包装设计阶段，由于设计师提供的包装设计始终不能达到余峰的要求，为了加快产品的上市速度，余峰一拍脑袋决定借鉴知名企业A企业的包装。于是，在对A企业的产品包装设计进行了所谓在logo等方面的修改后，公司新产品完成包装设计和相关设计工作。公司新产品上市后，产品的包装从远处看和A企业的产品包装没有太大的区别，上市后销量不错。但是，余峰还没来得及高兴，A企业以外包装外观设计侵权将蓝海食品有限公司告上法庭。后期，经过双方协商，虽然没有对蓝海食品有限公司进行罚款，但是一库房的内包材和外包装却无法再使用，近50万元的包材就这样被浪费了……余峰又被发配回原来的岗位。

分析：参考知名品牌的外包装设计，进行再创作形成自己的包装设计风格，是很多中小企业在新产品包装设计上常用的方法。这样虽然可以加快新产品包装设计和新产品上市的速度，但是千万不要抄袭知名品牌的外包装设计。因为很多知名品牌的外包装都是有外观专利的，一旦产生纠纷是一个很大的麻烦。

根据《中华人民共和国反不正当竞争法》第六条规定，经营者不得实施下列混淆行为，引人误认为是他人商品或者与他人存在特定联系；其中第一、第四条明确指出："经营者擅自使用与他人有一定影响的商品名称、包装、装潢等相同或者近似的标识"和"其他足以引人误认为是他人商品或者与他人存在特定联系的混淆行为"均属于不正当竞争行为，按照第十八条规定，由监督检查部门责令停止违法行为，没收违法商品。违法经营额五万元以上的，可以并处违法经营额五倍以下的罚款；没有违法经营额或者违法经营额不足五万元的，可以并处二十五万元以下的罚款。情节严重的，吊销营业执照。

2. 产品名称不合法

梦幻食品有限责任公司摊上大事了，公司开发的红茶饮料因为产品名称不合法，被市场质检部门强制下架，并按照《食品法》等相关规定给予处罚，吊销了食品生产许可证并被要求停产整顿，这一切都是新产品暖胃红茶饮料惹得祸。梦幻食品有限责任公司在2018年开发出一款红茶饮料，据说是采用了中国的上等红茶作为原料，产品不但色、味非常好，而且口感也相当棒。为了让企业的新产品一炮打响，企业在产品包装上下了不少功夫，花重金开发了非常漂亮的瓶型磨具，因为考虑红茶在民间有“暖胃”的说法，公司高管集思广益给产品起了一个大家都认为非常不错的产品名字“暖胃红茶”，并快速完成了包装设计和上市工作，谁知上市没多久就摊上事了……

分析：根据《预包装食品标签通则》第3大条3.6条规定，产品不应标注或者暗示具有预防、治疗疾病作用的内容，非保健食品不得明示或者暗示具有保健作用。梦幻食品有限责任公司作为一家普通的食品生产企业，生产的是普通食品，而梦幻食品的红茶饮料把产品名称叫“暖胃红茶”，明显是错得离谱，处罚也是必然的。在这里，还需要说明的是有些企业为了让产品名称能够形成话题，会起一些稀奇古怪的名字，给产品起名，一定要符合《预包装食品标签通则》第3大条的相关要求。

3. 产品包装文字侵权

姜海军是A企业培养的一名产品设计师，在企业发展的十年里，一直在设计岗位上从事产品包装和广宣物料设计工作，由于没有经过专业的培训，姜海军在进行设计时一直遵循着什么样的字体用着好看就用什么样的字体，完全没有所谓的字体侵权的概念，在前期由于企业规模小、产品的市场销售主要集中在周边的市场，一直平安无事。2019年，由于企业快速发展，企业的产品开始从周边市场逐步走入华东、华南等大市场，企业的市场扩张了，对企业而言是高兴的事，但是姜海军却高兴不起来，他接二连三地收到了方正、文鼎等公司的律师函，认为其公司产品包装上使用的字体侵权，要求企业予以赔偿……

分析：根据《中华人民共和国著作权法》规定文字作品享有著作权，字体著作权侵权是指字体的使用或者没有经著作权人的同意，使用该字体设计，侵犯作者著作权的一种违法行为。根据《中华人民共和国著作权法》第四十七条规定：未经著作权人许可，发表其作品的，剽窃他人作品的，使用他人作品，应当支付报酬而未支付的等行为应当根据情况，承担停止侵害、消除影响、赔礼道歉、赔偿损失等民事责任。

4. 产品包装文案不合法

2019年，椰树牌椰汁更换新包装，虽然产品定性没有丰胸功能，却将产品宣传暗示为“丰胸神器”，并在包装的大胸美女位置，写着“从小喝到大”的文案，引发消费者和媒体的热议。最终，因误导消费者，知名企业椰树集团被相关部门罚款40万元。无独有偶，A食品公司的总经理张建新，新上市一款冰淇淋味糕点产品，因为产品的口感非常好，张总决定把这款产品作为公司今年的主打进行市场推广，都说“自家的孩子好”，张总对这款产品抱有同样的心思，像对自家孩子一样，恨不得把产品的优点都写在产品的包装文案上，认为这样的展现，消费者看了一定会购买。因此，在产品标签的文案上写上了“世界一流工艺”“最佳成分配比”“最先进的生产技术”等字样的文案。产品上市后，张总未接到市场的喜报，而是收到了市场监管部门的一纸处罚书，因为在产品包装上写有“世界一流工艺”“最佳成分配比”等文案，被处罚款2000元，并要求立即销毁包装和下架产品。

分析：《反不正当竞争法》中第八条明确规定，经营者不得对其商品的性能、功能、质量、销售状况、用户评价、曾获荣誉等做虚假或者引人误解的商业宣传，欺骗、误导消费者。椰树集团作为一家知名的企业，在产品包装上写了“从小喝到大”的宣传文案，存在明显的对商品功能的宣传行为，也误导了消费者；而A公司产品之所以也会收到市场监管部门的处罚，主要原因在于产品的标签上写有“世界一流工艺”“最佳成分配比”“最先进的生产技术”等文字内容，违反了《中华人民共和国广告法》中不得在商品包装或宣传页面上使用绝对化的语言或表示用语的规定，受到处罚也是必然的。

5. 产品营养标签标识不合规

张小海是一位初入商海的创业者，怀着对未来的憧憬，满怀激情的张小海给自己的新产品设计了一个非常漂亮的包装，然后批量印刷，一共花了20万元。结果第一批产品出来以后，被人投诉，说包装不合格，而不合格的原因是产品的营养标签出了问题。原来食品营养成分表中能量的单位是千焦，用两个英文字母kJ表示，这里面的k是小写，J是大写，而张小海印制的标签字母k是大写的，结果就被人投诉了，导致这批货全部不能卖。无奈之下，张小海只有将20万元的包装全部作废，这造成了不小的损失。

分析：根据《预包装食品营养标签通则》第六条营养成分的表达方式的要求，对标签中营养成分的表达单位有着明确的单位要求，同时因为此单位书写不正确，可以说是“失之毫厘，差之千里”，马虎不得。结合本案例存在的问题，还需要提醒食品生产企业，在产品营养成分表中，“能量”“蛋白质”“脂肪”“碳水化合物”“钠”五项内容是营养成分的强制标识，必须齐全，同时其字体要明显区别其他相关的可选择标识的营养成分，并有着严格的顺序要求。

6. 产品标签文字大小使用不合规

李总最近很烦，公司的益生菌蛋白粉上市后，销量一路看涨。然而，因为产品标签的问题被消费者投诉到市场监管部门，市场监管部门在对投诉调查后确认，李总的公司生产的益生菌蛋白粉虽然产品质量没有问题，但是产品标签上存在问题，不仅给予了相应的处罚，还要求李总的公司立即下架该产品并销毁该批包装。原因是公司的益生菌蛋白粉产品是固体饮料属性产品，产品标识标签上关于产品类别属性中“固体饮料”字体太小，不符合《预包装食品标签通则》中的相关要求。

分析：根据《预包装食品标签通则》第四条：标示内容中 4.1.2 条食品名称要求 4.1.2.2.2 条规定，当食品真实属性的专用名称因字号或字体颜色不同易使人误解食品属性时，也应使用同一字号及同一字体颜色标示食品真实属性的专用名称。案例中益生菌蛋白粉产品的真实属性是固体饮料，按照《预包装食品标签通则》的要求“固体饮料”四个字应该和“益生菌蛋白粉”六个字使用同一字号且颜色保持一致。

二、如何避免包装设计的这些“坑”

在企业内部建立产品包装设计的审核制度，指定专业人员对产品包装设计从图文使用、内容文案、产品标识标签方面进行内部审查。

和专业的产品检测机构或专业人员进行合作，新产品标签设计完成后可以委托专业机构进行专业化的检测，或者请专业人员进行审核。

加强相关法律、法规的学习，如对《广告法》《专利法》《著作权法》《食品安全法》的学习，以及跟食品包装设计相关的《预包装食品标签通则》及《食品标识管理规定》等的学习。

对产品标识标签上的广告文案做到能免则免，避免文案违法；在使用相关字体、图案、图片时或者进行版权购买，或者对所使用的文字、图案进行变形，且变形要超过 50% 以上。

跟着行业中的大企业走，按照行业中大企业的产品包装的标准和要求设计自己的产品，尤其是产品的标识标签文案等内容，这样可以避免走弯路。

在包装设计时可到国家知识产权局官网进行外观专利的查询，避免因为侵权问题耗时费力又费钱。

第六章

案例篇

第一节　突破——JL乳业400ml巴氏奶上市案例纪实

“产品为王”的时代，通过新产品来实现企业整体的突围正成为众多的中小企业走向成功的一种选择！

一、困境：一个难以逾越的障碍

JL乳业作为TJ省的一个国有乳品企业，在TJ乳品市场上曾经有着20年的历史，是TJ区域市场的三大老牌企业之一，有着TJ乳业黄埔军校的美誉。然而就是这样一个有着辉煌历史的企业，在其一路的发展中在2004年经历与××企业的合作和改制的风波后，从2005年后发展跌入谷底，企业产品的销量一路下滑，由过去的每日50吨下滑至不到12吨，并且由于企业生产、销售规模的下降，造成企业的生产成本大幅攀升，导致企业没有盈利能力，发展步履维艰。2007年后的JL乳业随着一群职业经理人的入驻和新鲜血液的注入，JL乳业开始了新的起点，然而市场不会因为新的团体的入驻而变得简单或者消失，横亘在这个营销团队面前的难题依然是如何通过市场销量的提升来实现规模化的生产，并以此解决企业生产成本过高的问题。只有这样，企业才能进入一个良性循环。尤其是在2008年“三聚氰胺”事件后整体乳业销售都在持续下滑，乳品行业的毛利率被持续打压的情况下，如何通过提升销量尽快实现生产规模，从而降低生产费用的问题成为JL乳业迫切的任务，也成为企业发展中的一个需要快速逾越的障碍。

要想跨越这个障碍，对于JL乳业无疑是一件很难的事情。虽然整个企业在产品线上已经囊括高端产品初乳素、常温产品箱装奶、低温产品酸奶和干制品奶粉四大类等近20个产品，也有着企业前期就构建好的奶源基地等诸多优势，但是由于没有一款产品有出彩的表现，没有一款产品能够成为企业带动整体产品线的明星产品，只是在众多竞品中垫底，在夹缝中求生存。自2005年以来，由于企业连续在战略和市场上的败笔，企业多年建立起来品牌效应几乎丧失殆尽，领先的奶源优势也在竞争中被后来居上者逐步瓦解，企业产品在市场占有率、铺市率、美誉度等方面被对手远远抛在身后，市场表现进入尴尬的境地。虽有品牌，但是缺少美誉度的产品没有消费者认同，尤其是2008年企业的生存环境变得更恶劣，整体毛利率由过去不到10%下降到5%甚至更低，没有规模、没有效益、没有领军产品的JL乳业面临着一场生存和死亡的考验。

二、出路：一个艰难的选择

根据马太效应的原理，在任何一个行业，当企业的技术创新乏力，产品趋于同质化时，当企业的竞争能力下降，销售瓶颈难以突破时，一个企业预想实现新的利润增长点和持续发展时，要想在某个领域保持和寻找优势，就必须在此领域迅速做大，实现企业产销规模的扩张无疑是最有效的办法。只有当你成为某个领域的领头羊的时候，即便投资回报率相同，你也能轻易地获得比弱小的同行更大的收益。若没有实力迅速在某个领域做大，就要不停地寻找新的发展领域，这样才能保证获得较好的回报。

对于乳品行业来讲更是如此，规模意味着企业的营销实力、规模意味着产品成本的可下降空间、规模意味着企业竞争能力的增加、规模意味着企业可生存的空间，不管是MN乳业的发展路程、YL乳业走过的路径、二线乳业品牌的快速崛起都在诠释者乳业规模缔造神话的传奇，规模成为衡量乳品企业能否发展的试金石。对于地处TJ这样一个人口有限的市场空间，竞争产品众多的JL乳业来讲，要实现企业规模的扩展意味着在产与销两个都需要实现突破，机会很渺茫，企业又将面临艰难的选择。

第一，作为一家国有企业，由于历史的原因，企业的生产成本和一些新近出现的企业相比往往高出很多，企业的产品在市场上的售价往往高出竞品，对于乳制品这样一个价格弹性较高的生活消费品来讲，价格成为JL乳业必须考虑的因素，同类同规格的产品价格高出竞品难以实现销量扩大的目的。

第二，从整个TJ市场的产品品相上讲，整个产品的品相各个企业应有尽有，而且竞争十分激烈，在此类产品上找到机会非常不现实。

第三，如果要实现销售和生产的突破，必须在产品差异化的选择上有新的突破，而这种突破又带有很大的不确定性。对于企业而言，稍有不慎可能会将企业带入万劫不复的深渊。

第四，不论选择什么产品，对于JL乳业来讲都必须面临成本和竞争者进入后带来的竞争压力和产品的持续盈利能力。

三、破局：颠覆传统思考的藩篱

思路决定出路，思考的角度不同，处理问题的方法也不同，得到的结果也会有所不同。

面对出路选择的难题，对于JL乳业的营销团队来说，如果去按照常规的思考办法单纯站在单一的营销、单一的生产或者单一的产品研发等一点或一个局部的角度去解决问题，无论多好的产品机会和市场机会，以 JL 乳业的现状及在生产成本、品牌和渠道上表现出来的劣势，寄希望于短时间通过产与销的规模来带动整体，就是不考虑目前所处的困境只考虑产品生产成本这一因素，企业就不具备任何的可能性，尤其在目前的困境，以及品牌和渠道等劣势制约情况下，不管做出什么样的努力都是白费力气，也不会有好的结果。有着乳品市场多年实践操作的 JL 乳业的营销团队深谙此道。所谓不破不立，只有破才能立，只有破才能打破常规，才能重新开启新的局面。为此，JL 乳业的营销团队跳出传统的思考模式，不再将思路局限在企业的局部考虑，而是将思考的点放置在更高的位置上，考虑如何使自己成为领域的领头羊这个让同行看起天方夜谭，并视为笑话的定位点，并把视野的角度放到产业链和企业整体所处的一个产业的价值链上去重新审视自己和进行新的思考。

思考一：企业在目前的市场情况下，根据马太效应的原理，如果企业发展要想在某个领域保持优势，就必须在此领域迅速做大。只有当你成为某个领域的领头羊，即便投资回报率相同，你也能轻易地获得比弱小的同行更大的收益。JL 乳业的营销团队认为，JL 乳业目前没有足够的资金实力迅速在某个领域做大，要寻找新的发展领域，才能保证获得较好的回报。而对于 JL 乳业来讲，最好的办法就是打造一个产品，让这个产品在一个品类里销量规模第一，颠覆现在 JL 的和竞争对手的市场格局，以此来达到目的。

思考二：产业链作为从一种或几种资源通过若干产业层次不断向下游产业转移直至到达消费者的路径，产业关联性越强，链条越紧密，资源的配置效率就越高，用马太效应的原理解释就是赢家通吃。JL 乳业上牵广大奶农，中有数百相关的原辅料配套厂家、中间商和企业的员工，下连千万消费者和渠道商。从企业整体情况来看，健康发展的基础必须是保证整个产业链条的健康发展。企业长期健康发展，整体产业链条上游和下游及中间环节各个群体的健康发展才能长期保持，整体产业链条上配置的社会资源才能更好地为企业使用，企业才有抢占产业链条社会资源的机会，从而弥补企业在成本、资金、推广等方面的不足。

思考三："每一个企业都是在设计、生产、销售、发送和辅助其产品的过程中进行种种活动的集合体，这些活动可以用一个价值链来表明。"企业的价值创造不可能只有单一的活动来完成，从企业整体所处的产业价值链上考虑，如果企业采取通过一个产品取得带动全局的结果，对于企业而言，不仅是取得规模效益，还会一举多得。

第一，可以通过对奶农奶源的消耗，为企业后期发展奠定良好的奶源供应基础。

第二，从企业渠道建设的方面来讲，通过一个产品的突破将会解决企业在渠道上的人员、推广不足的问题，调动渠道商的利益。

第三，从产品的销售上讲，产品如果能够实现突破，并取得较好的效果，将提高其他产品的配送频率，继而带动低温酸奶和箱装奶产品配送，实现销售上的整体拉动。

第四，从终端看，一款产品的畅销无疑会带动终端对产品的好感，继而增强其他产品在该终端的推介力度。

第五，从品牌建设的角度来讲，一款产品的畅销将会有效拉动整体品牌形象，继而再作用于企业产品的销售，促进销售工作。

第六，从企业长期的经营效益来看，产品销量的提升不仅可以实现生产单位成本（如折旧、制造费用、人工费用）的下降，还能稀释其他产品生产单位成本和整体营销成本的降低，实现企业的盈利水平的提升。

第七，从社会效益上讲，资源集中为我使用。

通过对定位点的选择和整体产业链及产业链条上游和下游、中间环节各个群体利益的分配的价值链的思考，JL 乳业营销团队的思路逐渐明确，行动的方向逐渐清晰。

四、产品：机会的寻找和需求的把握

市场上从来不缺少机会，而是缺乏发现市场机会的眼睛。每一次的市场机会都是为有心人准备的。对于产品的选择，JL 乳业的营销团队根据多年市场操作沉淀的经验和对市场进行多次调研、分析的结果认为，400ml 的巴氏奶不论是从产品机会上还是从企业的发展角度来看，以此产品作为市场突破存在巨大的机会。主要有以下几个方面的原因决定：

首先，从整体 TJ 市场在液态奶的消费上，一部分人群将是巴氏奶的潜在消费人群，市场容量非常大。

其次，巴氏奶作为一种廉价的牛奶有着广泛市场基础的产品，尤其在 TJ 市场上巴氏奶的销量 80%以上集中在乌鲁木齐这个城市，JL 乳业占据地利的优势，而人和的优势只要产品定位宣传得当，会很快产生作用。对于抗击全国品牌或者区域品牌的冲击建立竞争壁垒有着先决的条件，这也符合城市型乳业发展的方向。

最后，巴氏奶的生产对于企业而言在设备上不需要大的投入，生产成本会降低，同时产能不受限，可以在短时间内实现，有利于企业对于快速增长的市场在短时间内做出产能的调整。

而对于选择选用 400ml 规格的巴氏奶，JL 乳业的营销团队认为，主要基于以下几个方面的原因：

第一，在 TJ 市场上消费者对于巴氏奶的消费主要原因在于巴氏奶价格实惠、新鲜，这部分消费人群主要集中在中老年消费者，这类消费人群对产品品牌的忠诚度不高，产品价格上的细微变化都会引起他们的关注和消费转移。

第二，目前 TJ 市场上巴氏奶产品的包装规格主要集中在 220ml、243ml 两个规格上，在这两个产品规格上西域春每日 15 吨销量的产生是建立在近 50 年的市场基础上，而盖瑞十几吨的销量建立在 4 年前强势品牌投入所建立的品牌形象上。这一切对于 JL 乳业来讲，企业不具备这两个优势，西域春、盖瑞产品牢牢占据第一、第二的位置，JL 乳业要想在这两个产品规格上实现突破和超越，几乎没有任何机会。

第三，经过长期的市场观察，每个消费者购买巴氏奶一次的购买量是 2 袋以上，购买 4 袋在整体的消费人群中又占据着接近 30% 以上的消费人群。但是 400~450ml 规格的巴氏奶产品市场上没有，市场需求已经显现，同时在这个规格上也容易建立起相对的价格优势，吸引消费人群。

五、出击：构建难以进入的竞争壁垒

高手与高手的对决需要一招制敌，弱者的崛起同样要练就一招制敌的本领，市场竞争没有第一与第二，只有胜负之分。作为此时市场的弱小者，在市场上既然决定出击就不能给竞争者留任何机会，JL 乳业的营销团队为了避免后期竞品跟进，在对 400ml 规格的巴氏奶这个产品的定价和包材的选择上，为自己构建了防止竞争对手进入的壁垒。

第一，在产品的定价上果断放弃乳企传统的高价多买赠的定价策略，根据竞争导向的定价法，企业采取低价渗透的定价策略，在保证企业微利的前提下实施成本定价的方法，为防止竞争对手进入设立价格壁垒，打消竞争企业的在该规格产品上跟进的念头。

第二，在产品的包材上，通过与包材提供商签订 400~450ml 独家规格单独供应的排他协议，明确该产品在该规格范围内为 JL 乳业独家享有，防止竞争企业在同规格和相近规格上同类产品的跟进，使 400ml 规格的巴氏奶产品远离价格竞争的旋涡，为产品后期的发展奠定良好的市场环境，企业通过规格的改变远离红海市场而进入蓝海市场。

六、传播：潜移默化的深入

好的产品需要好的卖点，好的产品需要好的购买理由。理由有很多，为了让这个理由更好地传播，JL乳业的营销团队在产品设计上动了一番脑筋，并做了一些细致的工作。从产品的包装形式上选择了与枕头一样的包装形式，在产品的命名上给产品起名“新鲜奶”，而在产品包装上写下“身边的牛奶最新鲜”的宣传导语，在推广上传递同一个信息——我是枕边的牛奶、我是身边的牛奶、我是新鲜的牛奶，并在一切宣传资料、促销活动中不断重复同样的信息，使产品的卖点和购买的理由，通过产品的包装、文字、名字及宣传传达给消费者，并在消费者每日的购买过程中传播着……

七、营销：用价值链推动市场的发展

价值链在经济活动中是无处不在的，上下游关联的企业与企业之间存在行业价值链，企业内部各业务单元的联系构成了企业的价值链，企业内部各业务单元之间也存在着价值链联结，价值链上的每一项价值活动都会对企业最终能够实现多大的价值造成影响。针对很多有前途的产品最终死于渠道之手、业务之手和终端之手的三个原因的综合分析，为确保这个将为企业谱写新的发展历史的产品，JL乳业的营销团队在营销上提出营销价值链利益共享的营销思路，并在产品市场的营销中积极落实。

第一，平衡产业价值链条中上游的利益，针对奶农实行按质论价的收购原则，保证奶农的利益，保证原料的供应和品质，为后续的产品提供有力的保证。

第二，渠道开发和推广上，为提高经销商的收益和在推广中积极性，针对推广期间难度大、工作量大的情况，在给予经销商正常返利的同时，针对推广的几个阶段工作重点、难点的不同分别采取不同的奖励政策来引导经销商的工作方向。如在推广的前期预设每袋 0.1 元的月度奖励政策，鼓励经销商增加销量，而在第二阶段则通过与铺货率的捆绑考核鼓励经销商在实现销量的情况下提升配送的服务水平和市场铺货率，通过利用价格杠杆的调整，在保证经销商的利益的同时，使企业的运行目标得到很好的体现。

第三，终端建设和维护。通过对批零价差空间的严格控制确定保证终端商利益，如过去针对 220~240ml 的小包装巴氏奶终端的利润获取是通过单袋的销量来实现，而对于大包装巴氏奶，由于数量增加，终端商的获取利润的空间就会减少，针对这一情况，JL 乳业通过对终端的销量贴补及批价差的严格管理，保证终端商大包装巴氏奶单袋的收益不低于小包装巴氏奶两袋的整体收益，解决了终端商销售大包装巴氏奶单袋利润低的问题，从而调动终端商对产品的推广积极性。

第四，在对消费者利益的维护上，根据消费者追求实惠和消费比较的心理，通过采取成本比较的方法对产品的定价和小包巴氏奶的价位区间进行了预先的设定和比较，使消费者购买大包装巴氏奶具备相对的价格优势，同时为保证消费者利益采取低价策略，减少包装成本和严格的零售价限制，让消费者获得实惠。

第五，企业采取销量和工资、奖金挂钩，并将比重放大的考核机制，从收入上激励销售人员的积极性；对于企业内部的生产人员则通过产量考核工资来保证生产工人对该产品的关注。

整体价值链上的利益分配，保证各个上游关联的企业与奶农之间的利益，也维护和保证了渠道、终端、消费者和企业内部等方面的利益，通过整体相关利益的链接，整体价值链上的各个环节的目标清晰、方向一致，从而使产、供、销各个环节的积极性和主动性被逐步放大，这一切都为营销的开展铺平了道路，朝着企业预期的方向在发展。

八、结果：让对手肃然起敬

从产品的选择到产品设计，从产品的定价到产品的上市，JL 乳业的营销团队精心打造的大包装巴氏奶产品逐渐成为 JL 乳业产品中的领军产品。在短短的 3 个月时间里，400ml 规格的巴氏奶在企业没有投入一分钱广告费的情况下，产品销量实现了从零到每日接近 17 吨的飞跃……

达到这个销量 WWW 乳业用了 50 年……

MM 乳业 5 年的时间也仅仅实现每日 9 吨的销量……

而 JL 乳业大包装巴氏奶在短短的 3 个月时间实现飞跃，目前已经与 TJ 巴氏奶第一品牌的西域春持平的销量，和远远高出盖瑞乳业的成绩，JL 乳业足以让竞争者肃然起敬。同时，上升的势头仍在持续，由于此产品带动的 JL 乳业后续一系列的连锁反应也在不断地扩散……

整体制造成本被稀释，并随着整体市场销量的提升逐步降低……

低温酸奶、常温箱装奶的销量也开始大幅攀升……

渠道经销商的数字也由 20 人增加至 28 人……

配送质量、品牌度、终端接收度、铺货率等开始好转……

整体产品销量由月 500 吨、900 吨、1200 吨……不断刷新销售的历史数据，而由此产生的社会效益也在逐步被放大、被传播……

九、启示

JL 乳业在大包装巴氏奶产品上成功的营销突围，说是一场营销的突围，其实也是一次思想革命和观念变革。这次突围对于 JL 乳业来讲，只是完成企业发展历史上一次重要的提升，JL 乳业要想持续发展，并不断获取更多的竞争优势，类似的突围需要持续进行，才能推动企业的持续发展，毕竟市场竞争永远在演绎不进则退的真实故事。

通过JL乳业此次的营销突围，我们还可以看到营销没有对与错，只有合适与不合适之分。在每一场营销突围的背后，都是企业一次战略性调整和对未来目标的修正。企业需要明白在未来我们需要干什么？我们需要走向何方？当我们的营销手段难以发挥作用的时候，当营销的技术已经无法解决问题时，当经验和传统成为发展的桎梏时，需要换一个角度来进行一场新的营销思考，或许可以“山重水复疑无路，柳暗花明又一村”。尤其对于一些低毛利的行业来讲，通过产业链和价值链的系统思考来实现在发展战略的突破，也许是营销的一个出路。

第二节 TR乳业浓缩酸奶的“新高度”

2014年之前，TR乳业虽然已经在乳品行业深耕细作近20年之久，但在XJ省的乳品行业仍算不上知名品牌。而在2015年之后，TR乳业依靠浓缩酸奶这款新产品在市场的突出表现，让“千年老二”TR乳业一鸣惊人、一飞冲天，成功逆袭超越了XJ省乳品行业的老大，成为XJ省乳品行业的后起之秀，创造出单品销售的“新高度”。TR乳业不仅引发了中国乳品行业的“爱克林包装”风潮，更是在中国乳品行业的发展历史上写下了浓重的一笔。那么，TR乳业成功的秘诀何在？

一、缘起

TR 乳业作为 XJ 一家有着近 20 年发展历史的国有企业，经历过短暂的辉煌和低迷的黑暗时刻，也曾经在改革和重组中艰难行走，最终在多方力量的支持下，于 2013 年成功借壳上市登陆资本市场。登陆资本市场，对于很多企业都是一件好事，但是对于 TR 乳业来说却不是这样，因为是借壳上市面临一个严重问题，那就是如何在三年内持续盈利，完成借壳上市对证券部门承诺的利润指标。此时的 TR 乳业所面对的现实是，市场竞争激烈，产品同质化严重，企业产品在整个市场主要依靠低价生存，毛利空间非常低，根本无法完成对证券部门的利润承诺。如何寻求突破，改变目前企业的现状，成为 TR 乳业管理团队决策者需要面对的现实问题。

二、新产品开发——突破困境的最佳决策

思路决定出路。面对现实的问题，TR 乳业营销团队和决策者在经过对企业自身实际情况和大量的市场调研后一致认为，从企业的实际情况和整个行业、市场的发展情况来看，整个行业存在同一个问题，由于乳品行业产品的技术壁垒比较低，整个行业的产品从技术上没有所谓的高低之分，所谓的差异化就是口味的变化。从产品的包装来讲，市场上相关产品的包装基本雷同，区别就是规格变化。在行业内，往往一个好的新产品只要销售势头好，由于各个生产厂家的设备基本一致，追随者就会蜂拥而上，很快就会进入价格战。但是 TR 乳业要想突破企业发展的瓶颈，依然需要立足企业实际，发挥企业的优势，借助行业发展的趋势，从新产品上做文章。

（1）作为一家老牌国企，企业的生产和研发上较同行来讲，在研发上经过近 20 年的积累，有着同行无法替代的优势。同时，企业的生产设备经过不断更新，生产设备和生产技术不弱于同行。

（2）TR乳业经过20多年的发展，已经在XJ市场建立了稳定的和专业的销售团队（经销商和营销队伍），和同行相比，企业深度分销的模式非常成熟，市场渠道有着强于同行的资源优势。

（3）整个行业仍处于快速发展阶段，市场有着巨大的成长性，市场潜力和企业的提升空间非常大。

（4）企业完成资本市场的登陆后，有充沛的现金流，企业影响力不可同日而语。

（5）从相关企业的成功经验来看，很多同行快速发展的路径都是得益于新产品的突破，有成功的经验可以借鉴。

三、战略——新产品开发的方向

战略是方向。在新产品选择上，有着丰富的行业和市场经验的营销团队和管理团队，决策者不约而同地把低温产品作为企业后期的产品发展战略，结合目前行业的发展趋势，营销团队和管理团队决策者认为：

（1）整个行业常温纯奶产品由于市场竞争激烈，市场发展呈现疲软状态，企业不可在此类产品上实现突破。

（2）低温巴氏奶产品对于企业所处的市场区域环境和消费人群的消费习惯来讲，虽然有市场空间，但是依靠其实现市场突破机会同样不大。

（3）低温酸奶产品市场处于高速发展时期，酸奶产品由于具备零食化的特征，意味着通过酸奶产品实现突破有更多的机会，企业需要考虑的问题是如何把产品做好、如何实现产品的差异化。

四、差异化——新产品成功的基础

战略、思路确定了，要开发什么样的酸奶新产品，差异化从哪个地方寻找，让 TR 乳业一筹莫展。因为此时 XJ 市场在酸奶产品上，经过了 PE 瓶、八连杯、玻璃瓶、预制杯等包装形式的洗礼后，消费者对此类包装鲜有新鲜感。由于行业技术壁垒低，即便开发出此类包装的新产品，也很快被竞争者模仿，最终陷入价格竞争的泥潭。

机会总是留给有准备的人，在 TR 乳业团队为新产品开发一筹莫展之时，一个偶然的机会，瑞典爱克林生产设备和包装销售进入了 TR 乳业视野，独特的包装形式让 TR 乳业团队眼前一亮，在对该企业的设备和包装进行分析后，TR 乳业认为虽然该包装设备价格高昂，但是爱克林包装相对目前 XJ 市场其他相关酸奶产品的包装有着独特的优势。

优势一：爱克林产品的包装价格低，且能非常好地满足企业的需要。尤其在乳品行业以价格为主导的竞争格局下，占企业产品成本 30% 的包装成本，是每个企业都需要面对的难题，而该包材成本可减少 20% 以上，这意味着后期企业有非常好的成本和竞争优势。

优势二：该包装与其他产品不同，尤其是整个 XJ 市场在经历了各种常规包装的洗礼后，该包装的特殊性和形式能够很快在同类产品中凸显出来，企业利用该包装可以在包装上形成差异化，利于产品后期的推广。

优势三：相对目前主流的产品包装，有包装轻便，易于携带的优点。

为此，TR 乳业把该包装和生产设备作为新产品的唯一选择，为了将新产品包装差异化的优势放大和延长，TR 乳业与瑞典爱克林企业签订了在 XJ 市场该生产设备和包装的独家享用权。

五、好品质——新产品畅销的保障

对食品行业来讲，一款好产品的首要表现就是口感第一，好的口感意味着回头客，也意味着更多的消费者。有着丰富行业的经验的 TR 乳业深谙此道，为了把产品做到最好，TR 乳业的研发人员选用最好的原料，经过反复对配方和生产工艺进行优化和调整，在经过十几轮的配方筛选，数百人次口感测试和市场测试中选出最好的配方和最好的口感，最终一款蛋白为3.3、脂肪为2.9，远高于同类产品指标的新产品研发完成了相关的工作，好的品质和口感为后期该产品的畅销奠定了基础。

六、好名字——新产品快速传播的利器

在品牌越来越多的今天，新产品只要具有一个好名字就成功一半了。因为一个好的名字可以传神地表达品牌的特征，给消费者留下深刻的印象，并节约大量的传播成本。

企业的logo和商标已经长久固定下来，并形成了一种既定的模式，在产品命名上希望在此方面进行突破没有任何可能性。要让产品被消费者记住，只有在产品品类的命名上寻找突破口，为了给新产品起一个好命字，TR乳业通过头脑风暴选择了很多名字。在经过企业内部多轮讨论，结合产品的特性(蛋白为3.3、脂肪为2.9)，最终选择“浓酸酸奶”作为新产品的名字。第一，浓缩二字容易让消费者理解，并联想到浓缩意味着精华，是好东西、有营养；第二，浓缩酸奶四个字郎朗上口，很容易被消费者记住，可以实现快速传播。事实证明，“浓缩酸奶”这个产品命名为该产品后期的销售起到了很大的促进作用。

七、好包装——让新产品凸显出来

著名的杜邦定律指出，大约63%的消费者是根据商品的包装和装潢做购买决策的，现在的市场经济被称为眼球经济，只有吸引到消费者的注意，品牌才能被消费者接受，产品才能被消费者购买，包装已经决定着消费者购买与否的消费行为。

产品开发方向的敲定，产品包装形式的确定，产品研发的完成，该如何对产品进行包装设计？首先，TR 乳业结合当年市场流行色进行充分的论证，在对内地市场相关产品包装设计进行反复调研后，结合浓缩酸奶的产品特性（包装、内容物）和产品消费人群的定位，最终设计团队选择了浅绿色作为产品包装的基准色。一方面该色调能够给人以清新和干净的感觉；另一方面该色调可以很好地反映产品的特征，结合产品包装形式，考虑产品包装要给消费者带来视觉冲击。最终包装呈现非常简单，整个包装的设计以浅绿色为主色调，利用白色为文字表现色，突出产品名“浓缩酸奶”四个大字，但是产品包装非常清爽，又凸显产品的名字，在进行市场效果测试中吸引了消费者的眼球。其次，TR 乳业打破常规，在设计元素基本一致的情况下，为该产品单独设计了礼盒包装。此举在产品上市销售后加分不少。

八、好的价格体系——让新产品在渠道动起来

“天下熙熙皆为利来，天下攘攘皆为利往。”如何调动渠道的积极性，是新产品步入市场的关键一环。长期以来，在 XJ 的乳品市场，乳制品整箱的销售价格体系一直都遵循 1~2 的方式，即经销商每箱的毛利是 1 元左右，终端的利润是 2 元左右。TR 乳业在对该产品进行定价时，充分考虑了这一市场因素，并在新产品上市过程中进行了突破。在对消费人群进行充分定位后，采取成本导向和市场竞争导向的定价策略，在自身生产包装成本形成优势的基础上，产品的毛利确定在 25% 以上。但是，在整个价格体系的设计上，经销商的利润空间被增加到了 4 元，较整个行业水平提升了 4 倍；针对终端渠道利润则增加到了 6 元以上，相比过去提升了 3 倍以上。此举使经销商的利润、终端受益，在后期产品上市推广中成功带动了经销商和终端店的积极性，推与拉的局面很快形成，为新产品快速

打开市场起到了促进作用。

九、变革购买模式——让新产品快销起来

消费方式需要引导。酸奶产品的零食特性，在XJ市场消费者购买酸奶产品还处于单杯、单个购买时，由于TR乳业浓缩酸奶的包装采取了每箱12袋的礼盒包装形式，产品在市场终端上的呈现形式无疑成了一道靓丽的风景。正是这种包装形式的改变，在潜移默化中影响着消费者，让消费者的购买方式发生了巨大的变化。过去很多消费者都是单杯或者几个购买，现在因为礼盒包装形式的出现，成箱购买成为选择，导致很多有孩子的家庭原本准备购买回去食用5天的产品，结果在2~3天就消费完。此举无形之中加快了企业产品的流转速度，使新产品在终端渠道和消费者的距离更进一步。

十、持之以恒的市场推广——让新产品进入消费者的视野

没有人能随随便便取得成功，企业的新产品上市也不可能随随便便取得成功，任何一个营销计划，只有与完美的执行结合起来才能创造奇迹。为了让新产品顺利进入市场，TR乳业经过反复思考，制订了产品上市计划。

第一，在市场选择上，选择具备深度分销优势的核心市场，作为市场的突破口，周边市场作为辅助市场。

第二，根据产品保质期短的特性，制定7天进行回调的售后服务政策，打消终端网点的顾虑。

第三，调动渠道环节个人的积极性。针对销售人员制定了新产品推广的重奖重罚的激励政策，鼓励业务人员进行新产品推广，同时要求各个区域的业务人员采取跟车铺货的方式，进行全员铺货；

针对经销商在规定销售任务的基础上，给予大幅度奖励支持的同时，给予一定的临期货物补损政策。

第四，在产品推广上，在有限的广告投入下，结合核心市场的实际情况和商业环境，重点选择人流量大、环境好的KA渠道，开展每周六、周日大型路演和招募促销人员持续不断开展免费品尝的推广活动，进行新产品的促销推广。

和其他新产品一样，浓缩酸奶上市后，由于产品包装形式的变化颠覆了整个行业和终端经销客户及消费者的认知，同样面临着铺货难、动销慢的问题，但是经过3个月持续不断的市场推广，因为价格、销售模式，以及最终因为产品口感好、名字好记、宣传推广力度大、上市措施得当等因素，产品销售在短时期内进入了快车道。

十一、巧传播——让新产品流行起来

浓缩酸奶虽然顺利上市，并产生了相当的销量，但是如何让新产品长销下去，面对这个问题，TR乳业围绕浓酸奶产品的旺销势头快速打造了一系列的相关产品，如酸奶熟了、冰淇淋化了等相关产品。这些作为新产品浓酸酸奶的辅助新产品，由于采取了口语化的命名方式，命名方式颠覆了传统的认知，产品名字趣味化，很快被消费者记住，最终在网络新媒体上流行起来，不仅为浓酸酸奶的再次传播和知名度提升起到了推波助澜的作用，还让浓缩酸奶流行起来。

十二、结果

随着浓酸酸奶这一款新产品的崛起，TR乳业其他的相关产品也借势走向“新高度”，目前TR乳业不仅走出了困局，企业发展的触角也由XJ这个区域市场步入其他市场，企业的产品在浓缩酸奶的带动下，在华东、华南、西南等市场形成热销……

十三、启示

作为一款非常有个性的产品，差异化的产品、差异化的包装、差异化的口感，创新的销售方法、定价及传播，推动了浓缩酸奶成功。成功或许无法复制，但是成功者的经验可以让众多企业借鉴和学习，剖析 TR 乳业新产品浓缩酸奶的成功，同样会给众多的中小企业带来不一样的思考。

老板·创业			
一、经理人			
书名	内容	书名	内容
老总有想法，高层有干法 王清华　著	企业将、帅之间的定位问题、角色问题、方法问题、思维问题、管理问题等	**历史深处的管理智慧1：组织建设与用人之道** 刘文瑞　著	通过历史鉴照当今企业选人用人、二代接班人、创业团队管理等问题
历史深处的管理智慧2：战略决策与经营运作 刘文瑞　著	通过历史鉴照当今企业决策、战略规划、战略冒进、决策监督等问题	**历史深处的管理智慧3：领导修炼与文化素养** 刘文瑞　著	通过历史鉴照当今企业的领导修养、用权、管理风格等问题
老板经理人双赢之道 陈明　著	经理人怎么选平台、怎么开局，老板怎样选/育/用/留		
二、用人			
用好骨干员工 王敏　著	系统化分享关键人才打造与激励方法	**领导这样点燃你的下属** 孟广桥　著	领导者如何才能让员工积极主动地工作
让用人回归简单 宋新宇　著	帮助管理者抓住用人的要害，让用人变得简单	**激活新生代员工** 史量　孙斌　著	走进新生代的世界，一套行之有效的管理、激活90后、95后、00后的方法
三、转型·创业			
创业要过哪些坎 董坤　著	15年创业咨询经验总结的创业遇到的问题及办法	**高潜牛人** 董坤　著	创业和事业发展中如何找到牛人
成为下一个SaaS独角兽 崔牛会　主编	19位SaaS领专家，7个不同的视角总结SaaS行业实践	**创模式：23个行业创新案例** 段传敏　著	CEO社群23位企业家的思考与实践分享
重生——中国企业的战略转型 施炜　著	本书对中国企业战略转型的方向、路径及策略性举措提出了建议和意见	**7个转变，让公司3年胜出** 李蓓　著	企业估值、业务模式、营销、生产制造、客户服务、用户黏性、组织管理7个转变
企业二次创业成功路线图 夏惊鸣　著	五步骤给出了一幅企业二次创业经营突破、管理提升的成功路线图	**跟老板“偷师”学创业** 吴江萍　余晓雷　著	如何通过“偷师”学习与积累当老板的阅历
公司由小到大要过哪些坎 卢强　著	企业成长路线图，现在我在哪儿、未来还要走哪些路都清楚了	**跳出同质思维，从跟随到领先** 郭剑　著	66个精彩案例剖析，帮助老板突破行业长期思维惯性
极速增长：企业扩张策略 董坤　著	以“8shoes扩张法则”为思考框架，帮助处于这个阶段的创业公司及以创业公司形式孵化的变革型项目做出清晰的战略选择		

企业经营			
经营打造你的盈利系统 高可为　著	选择最有效的经营策略，打造属于自己的商业模式	**中国企业的觉醒** 王涛　著	企业告别自私、野蛮，转向善良、爱，才会赢得消费者
成为敏感而体贴的公司 王涛　著	未来有竞争力的企业，一定是那些敏感而体贴的公司	**有意识的思考** 王涛　著	对头脑中固有观念保持觉察，从而超越它们的局限
简单思考 孔祥云　著	著名咨询公司（AMT）CEO创业历程中的经验与思考	**写给企业家的公司与家庭财务规划** 周荣辉　著	以企业的发展周期为主线，介绍各阶段企业与企业主家庭的财务规划

续表

书名	内容	书名	内容
从10亿到100亿的企业顶层设计 刘建兆　著	重新定义企业成长方式，有效益、有效率、有效能、有效果、有品质的良性成长	**企业融资：投资人没告诉你的那些事** 杨军　著	资深投资人揭示融资“潜规则”，让企业有的放矢
宗：一位制造业企业家的思考 刘建兆　著	发展20年营业额近亿元制造业企业家的思考与心得	**使命：驱动企业成长** 高可为　著	用大企业发展轨迹及企业家的心路历程，揭示企业成长的基因、做事的逻辑
让经营回归简单 宋新宇　著	战略、客户、产品、员工、成长、经营者的经营法则	**边干边学做老板** 黄中强　著	86个案例讲述中小公司成长过程中遇到的问题和方法
盈利原本就这么简单 高可为　著	跨越业务与财务边界，为企业提高盈利水平提供方法	**战略参谋：写出管用的战略报告** 蔡春华　著	企业对自己、市场、行业其实了解更深，助你高质量完成战略规划
不战全胜：给企业家读的孙子兵法 王吉坤　杨伟霞　著	从《孙子兵法》提炼和总结了帮助企业打造行业龙头品牌的体系	**公司离不开的全栈运营高手：产品运营与推广获客** 王虎　著	涉及运营案例、思维理论、实操复盘、管理方式、推广策略等，是作者八年运营推广经验的浓缩
公域引流　私域经营：这样经营用户关系 王庆云　汪洋　著	为大中型企业提供私域建设的顶层和全景式框架，探索不同业务特性可能适配的不同私域模式	**平台生态：价值创造与价值获取** 彭毫　罗珉　著	厂商之间的竞争已经从产品转到平台，如何创造新的价值创造和获取模式，是企业最想得到的答案
合伙制经营：有效激励，而不丧失控制权 胡八一　著	重点阐述实施合伙制的流程，通过四步为企业家提供一种有效激励而不丧失控制权的工具和方法	**机制创造人才** 彭剑锋　尚艳玲　著	华夏基石专家团著作，为个体赋能，经营人成就人，进行机制创新和价值管理
管理·管理学			
一、企业管理			
让管理回归简单 宋新宇　著	从目标、组织、决策、授权、人才、老板自己等提供方案	**管理的尺度** 刘文瑞　著	西医式的体检化验，又要施加中医式的望闻问切
管理：以规则驾驭人性 王春强　著	人性驾驭角度权度运筹安排的可兑现性，管理有效性	**看电影，学管理** 刘文瑞　著	十六部电影的解读，揭示电影内含的管理之道
好管理　靠修行 曾伟　著	从佛法、道法思想中寻找管理智慧	**公司大了，怎么管** 全国华　著	成长型企业发展中的共性问题，通过案例实录解开
低效会议怎么改 王玉荣　葛新红　著	从梳理公司会议体系的层面改变低效会议的现状	**年初订计划年尾有结果** 郭晓　著	总结七步落地方案让战略计划切实落地实现
分股合心 段磊　周剑　著	围绕股权激励，详细介绍相关知识和实行方法	**员工心理学超级漫画版** 邢雷　著	以漫画形式对组织中个体心理的全面介绍和深入探讨
让投诉客户满意离开 孟广桥　著	投诉法律法规，应对各种投诉技巧等提升客诉能力	**管理就是定计划，抓落实** 张国祥　著	员工“看了就会、拿来就用”的计划制订操作指南
不读韩非子，怎么当老板 王春强　著	通过集中分析有关人性的内容，引导现代管理者更深理解人性是如何影响企业运行，以及管理者应如何因人性而实施管理	**重新想象组织** 彭剑锋　尚艳玲　著	华夏基石专家团著作，通过组织变革逐步进化，找到成长之道，让企业可持续发展

续表

书名	内容	书名	内容
战略管理有方法 和恒咨询　著	结合中国企业实践总结的一套独创性、实操性的战略方法，100+工具轻松做战略	高管如何为公司创造高增长 彭剑锋　尚艳玲　主编	战略驱动着企业成长，企业又该如何突破增长的瓶颈
供应链管理改善咨询：案例·方法·工具 于晓光　许忠宁　赵玭　著	掌握供应链改善结构化方法，实现准时交付和低运营成本		
二、管理思想			
管理学的奠基者 刘文瑞　著	近代以来的管理思想发展揭示管理思想的演化奥秘	巴纳德组织理论研读 郭威　著	深度研读巴纳德《经理人员的职能》，帮你理解和看懂
管理学在中国 刘文瑞　著	科学看待管理学流入中国，对继承发展进行深入的阐述	德鲁克管理学 张远凤　著	以德鲁克管理思想发展为线展示20世纪管理学的发展
德鲁克与他的论敌们 罗珉　著	德鲁克与马斯洛、戴明等诸多管理大师论战的故事	德鲁克管理思想解读 罗珉　著	全面解构德鲁克思想的精髓与实践价值
治论：中国古代管理思想 张再林　著	深入分析中国古代哲学基本精神的基础上，梳理分析了儒法墨三家的管理思想	流程经理10年案例笔记 王焕东　著	用自身工作和生活中的鲜活案例及思考后的心得呈现不一样的流程管理思想
透过决策看组织 李慧才　著	对西蒙管理行为进行贴近企业的通俗化解析和阐释	为什么高管爱读德鲁克 王鹏　著	辅助深读德鲁克、提升管理认知
营销·销售			
一、企业销售			
大客户销售这样说这样做 陆和平　著	大客户销售活动的十大模块，68个典型销售场景	向高层销售 贺兵一　著	销售人员与客户高层打交道需要重点掌握的知识、技巧
资深大客户经理 叶敦明　著	将大客户经理必须具备的规划、策略、执行三种能力运用自如	成为资深的销售经理 陆和平　著	让销售经理成功把握销售管理的6个关键点，并提供工具
销售是个专业活 陆和平　著	据客户采购流程拆分销售过程十阶段，讲解方法技巧	学话术　卖产品 张小虎　著	手机、电动车、家电、食品等消费品的一线销售话术
工程项目大客户销售攻略 陆和平　著	三十八讲循序渐进，全方位透视工程大项目拿单的奥秘，通俗易懂，看了就能用	大客户销售谈判：获得利润的最快途径 陆和平　著	从不会谈判到成为谈判专家，帮助你在与大客户的谈判中轻松说服对方，实现从一次成交、成本价成交到高价成交、持续成交的转变
二、企业营销			
新营销组织力 迪智成　著	适应最新数字化外部环境，系统化协同组织能力建设	营销按钮 老苗　著	讲述存在于人性及各个营销环节中的“按钮”
精品营销战略 杜建君　著	“精品营销战略”核心逻辑与营销组合策略	360°谈营销 王清华　古怀亮　著	营销是立体的，从不同角度观察不同企业的营销精髓
互联网精准营销 蒋军　著	互联网时代整体策划、包装品牌和产品	招招见销量的营销常识 刘文新　著	做好基本的营销动作都可以提高销量、降低成本

续表

书名	内容	书名	内容
用数字解放营销人 黄润霖　著	用数字说话覆盖营销工作的方方面面	**用营销计划锁定胜局** 黄润霖　著	让营销计划落地，营销人员只需解决两个问题：基数与概率
新营销2.0：从深度分销到立体连接 刘春雄　公方刚 牛恩坤　等著	立体连接打通三度空间，在互联网时代诞生快消品领域的超级巨头	**中国营销战实录** 联纵智达研究院　著	51个案例，46家企业，46万字，18年积淀
弱势品牌如何做营销 李政权　著	产品与物流通道、服务通道、促销互动通路，提供方法	**解决方案营销实战案例** 刘祖轲　著	十大工业品作者实操案例解码解决方案营销
升级你的营销组织 程绍珊　吴越舟　著	根据企业的实际情况建立有机性营销组织	**孙子兵法营销战** 刘文新　著	理解《孙子兵法》原意的同时，还可体悟到营销之用
老板如何管营销 史贤龙　著	十六个招式，理论与案例相结合，高段位营销方法	**渠道管理就这样做** 陆和平　著	渠道规划和设计、渠道成员选择和寻找、渠道谈判和签约、管理渠道日常活动、设计渠道激励政策、解决渠道冲突、渠道的评估和调整
三、品牌			
中国品牌营销十三战法 朱玉童　著	深度演绎最符合企业品牌营销策划的十三套实战战法	**中小企业如何打造区域强势品牌** 吴之　著	从如何建立强势品牌的角度解析扩张难题
小众战略：小资源打造强势品牌 吴修利　著	从品牌观念、市场调研、竞争机会、内部调整等角度，对产品、渠道、传播等核心原则进行了系统梳理	**把品牌建在顾客心里：4步实现品牌IP化** 张学军　著	让品牌自带话题，自主传播
四、营销策划			
这样写文案，就没有卖不动的产品 秦剑　刘安丽　著	术、法、道三个层面由浅至深培养商业文案创作能力	**洞察人性的营销战术** 沈坤　著	介绍了28个匪夷所思的营销怪招，大部分可以直接运用
双剑破局：沈坤营销策划案例集 沈坤　著	双剑公司8年来的实操案例，每个项目诞生过程、策划角度和方法	**社区团购就这么干：供应商•平台•团长•用户** 陈海超　杨顶刚　著	分享最新实践经验，一看就懂，照着就能做
企业案例			
鲁花：一粒花生撬动的粮油帝国 余盛　著	鲁花如何成长为优秀的带动农业产业发展的品牌，鲁花你一定学得会	**金龙鱼背后的粮油帝国** 余盛　著	以金龙鱼为脉的一部中国粮油行业的史诗
你不知道的加多宝 曲宗恺　牛玮娜　著	以时间为轴线，详细叙述了加多宝品牌的发展历程	**静水流深** 黄治国　著	作者在美的十五年对何享健内部讲话资料的整理
娃哈哈区域标杆 罗宏文　快车君 赵晓萌　寇尚伟　著	讲娃哈哈豫北市场如何成为娃哈哈全国第一大市场、全国增量第一的市场	**借力咨询：德邦成长背后的秘密** 官同良　王祥伍　著	德邦将自己积累的与咨询公司发展共赢的合作逻辑和盘托出
六个核桃凭什么从0过100亿 张学军　著	全视角深度解读养元企业的裂变成长，复盘十年蜕变轨迹	**像六个核桃一样** 王超　著	六个核桃为什么卖得这么好，产品畅销的6大要义36条简明法则

续表

书名	内容	书名	内容
中国首家未来超市 IBMG 集团　著	对乐城超市的掌门人及内部员工的采访详细阐释了乐城的经验	**三四线城市超市如何快速成长：解密甘雨亭** IBMG 集团　著	甘雨亭的许多关键经营指标均高于行业标准，学习其成功的方法
集团化企业阿米巴实战案例 初勇钢　著	作者在某酒厂推行阿米巴经营模式的心得		
经销商			
新经销：新零售时代教你做大商 黄润霖　著	探访近 100 位经销商在传统营销手法上的创新，传统营销微创新和新营销本地化	**商用车经销商运营实战** 杜建君　王朝阳 章晓青　著	对商用车经销商的经营与管理、4S 店运营做了全方面的总结
跟行业老手学经销商开发与管理 黄润霖　著	从管理耐用消费品经销商角度提炼了 48 个代表性问题并给出解决办法	**快消品经销商如何快速做大** 黄润霖　著	经销商如何通过经营实现规模，通过管理实现规模效益
建材家居经销商实战 42 章经 王庆云　著	经营管理的心法和战法，帮助经销商成为"业务妙手"和"管理能手"	**成为最赚钱的家具建材经销商** 李治江　著	针对建材家居行业的经销商，从销售模式、产品、门店、市场等方面给出方法
白酒经销商的第一本书 唐江华　著	对经销商如何选择厂家、合作、运营品牌等问题给出建议	**快消品招商的第一本书** 刘雷　著	从招商理论到招商动作进行系列化分解，化繁为简
大商方法：榜样经销商与厂家的合作之道 唐道明　著	洞察厂商合作的核心，为经销商提供可行的方法，手把手教你做大商	**快消品经销商成功密码** 舟谱商学院　著	通过 8 个真实经销商案例，分享快消品经销商成功经验与方法
中小企业			
中小企业如何打造区域强势品牌 吴之　著	从如何建立强势品牌的角度解析扩张难题	**用流程解放管理者** 张国祥　著	8 个板块构成，共 66 篇文章，14 幅流程管理图
用流程解放管理者 2 张国祥　著	对中小企业规范化流程管理进行系统的阐述	**弱势品牌如何做营销** 李政权　著	产品与物流通道、服务通道、促销互动通路提供方法
本土化人力资源管理 8 大思维 周剑　著	用最贴近中国中小企业现实管理情境的案例讲述周围人的"家事"	**中小农业企业品牌战法** 韩旭　著	农业企业需要全产业链视野，更需要品牌实战方法
门店管理			
门店销售冠军复制系统 王吉坤　著	门店型企业如何打造可复制的销售冠军系统	**新零售动作分解与实操：建材·家居·家具** 盛斌子　著	对泛家居行业趋势、店面管理、团队管理、促销推广、五感营销等提供策略
家具建材促销与引流 薛亮　李永锋　著	对泛家居营销执行模式和工具、关键环节等进行汇总	**建材家居门店 6 力爆破** 贾同领　著	产品力、导购力、形象力、推广力、服务力、组织力
家具行业操盘手 王献永　著	总结家具终端门店发展的现状及问题并给出策略	**手把手教你做专业督导** 熊亚柱　著	系统梳理督导的核心技能，岗位职责、工作流程及技能

续表

书名	内容	书名	内容
手把手帮建材家居导购业绩倍增 熊亚柱　著	针对建材家居门店的业务人员，用案例故事还原场景教你成为好导购	**10 步成为最棒的建材家居门店店长** 徐伟泽　著	梳理店长管理的核心工作职责、店面管理规范，帮助销售人员成长
建材家居门店销量提升 贾同领　著	9 个板块讲述建材门店一个单店如何做到经营的良性循环	**总部有多强大，门店就能走多远** IBMG 集团　著	五大方向综合阐述连锁零售企业总部如何提升管理能力
赚不赚钱靠店长，从懂管理到会经营 孙彩军　著	注重专卖店的经营思路拓展、门店管理细节方面能力的提升	**新医改了，药店就要这样开** 尚锋　著	从药店定位的思考，内部和会员管理等方面探讨中小型药店发展方向
电商来了，实体药店如何突围 尚锋　著	新时代药店经营的三驾马车：药学专业服务、会员贴心服务和精准定向促销	**引爆药店成交率 1：店员导购实战** 范月明　著	药店人的零售工作，怎样接待顾客，完善销售技巧
引爆药店成交率 2：药店经营实战 范月明　著	从药店经营角度建立改善门店现状的实用标准	**引爆药店成交率：专业化销售解决方案** 范月明　著	从简单的拿药服务到提供多角度的专业解决方案
口腔门诊盈利倍增：精益口腔 杨伟霞　王吉坤　著	为口腔门诊定制业绩提升管理系统并落地实施		
互联网			
一、互联网转型			
画出公司的互联网进化路线图 李蓓　著	18 个“可以……吗”的问题作为产品、客户和价值方面的指引牌	**7 个转变，让公司 3 年胜出** 李蓓　著	企业估值、业务模式、营销、生产制造、客户服务、用户黏性、组织管理 7 个转变
重生战略移动互联网和大数据时代的转型法则 沈拓　著	四个重生战略对应四个法则，告知传统企业的转型重生之路	**创造增量市场：传统企业互联网转型之道** 刘红明　著	为读者提供了寻找这些互联网的切入点和接触点的具体方法，带来增量市场
互联网 + 变与不变 本土管理实践与创新论坛　著	61 篇精华文章，聚焦传统行业如何互联网 + 时代转型	**今后这样做品牌** 蒋军　著	顶层设计、营销创新、产品战略、渠道变革、品牌策略
移动互联新玩法 史贤龙　著	立足现实，剖析新时代背景下的移动互联趋势与热点	**互联网时代的成本观** 程翔　著	多维组合成本的互联网精神和大数据特征及应用
正在发生的转型升级实践 本土管理实践与创新论坛　著	100 多位本土管理专家当年对最新一年的思考和实践	**1000 铁杆女粉丝** 张兵武　著	如何让普通女性成为忠实追随的铁杆粉丝，磁力点、情感结、甜蜜区、信任圈
混沌与秩序 Ⅰ：变革时代企业领先之道 彭剑锋　施炜　苗兆光　王祥伍　孙波　夏惊鸣	新环境下企业面临变革应如何应对，企业家如何坚守并与企业共同成长	**混沌与秩序 Ⅱ：变革时代管理新思维** 彭剑锋　施炜　苗兆光　王祥伍　孙波　夏惊鸣	对处于时代变革下的企业管理新机制、人力资源管理新思维，组织与人的新型关系，结合案例提出优化建议
消费升级：实践·研究 本土管理实践与创新论坛　著	从经营、管理、行业三个方面记录消费升级下的实践	**互联网精准营销** 蒋军　著	互联网时代整体策划、包装品牌和产品
智能推荐：让你的业务千人千面 刘国昊　周波　著	从资讯、电商、文娱行业来详细讲解智能推荐的应用，用户时间的争夺战	**制造业外贸营销网站建设** 宋金亮　著	介绍整个网站从无到有的实现过程，从分析思路、撰写内容到规划页面，列举了大量正反面实例，帮助读者理解和投入实践

续表

书名	内容	书名	内容
零售巨头数字化转型操盘笔记 江楠　著	一线操盘运营经理分享传统零售巨头的新零售到家业务全盘操作细节		
二、抖音、微信微商、电商			
书名	内容	书名	内容
抖音营销系统 刘大贺　著	抖音系统的实战营销知识，上百个从0做大的案例	金牌微商团队长 罗晓慧　著	微商团队长创业实操的指导工具书
微商生意经：真实再现33个成功案例操作全程 伏泓霖　罗晓慧　著	精心挑选的33个微商成功案例，阐述具体操作过程	快速见效的企业微信营销方法 孙巍　著	站在微信生态的立体高度系统讲述企业微信快营销方法论
阿里巴巴实战运营：14招玩转诚信通 聂志新　著	产品定位、阿里巴巴排名因素、数据分析、标题优化等	阿里巴巴实战运营2：诚信通热卖技巧 聂志新　著	打开诚信通运营的金钥匙，十大具体运营技巧
三、行业新营销			
餐饮新营销 杨勇　程绍珊　著	聚焦餐饮企业转型，系统的餐饮企业营销管理体系	新零售进化路径 李政权　著	预先复盘新零售及商业的未来，找到方向
珠宝黄金新营销 崔德乾　著	珠宝业新营销/新品牌/新产品/新零售/新连接/新场景/新服务/新传播/新管理	新经销：新零售时代教你做大商 黄润霖　著	探访近100位经销商在传统营销手法上的创新，传统营销微创新和新营销本地化
新零售动作分解与实操：建材·家居·家具 盛斌子　著	对泛家居行业趋势、店面管理、团队管理、促销推广、五感营销等提供策略	新营销 刘春雄　著	让品牌商和渠道商掌握获得独立流量的能力，能够与平台商博弈
快速见效的企业网络营销方法 B2B　大宗 B2C 张进　著	数据和案例90%来自作者服务的中小企业，快速全面地学习企业网络营销方法	移动互联下的超市升级 联商网专栏　著	超市未来的发展趋势，对社区超市、生鲜、全渠道建设、O2O等提出观点
百货零售全渠道营销策略 陈继展　著	零售行业的竞争重点、行业本质、战略转型、未来趋势、经验和案例	互联网时代的银行转型 韩友诚　著	银行业在互联网金融变革浪潮中所做的积极应对和转型布局
触发需求：互联网新营销样本·水产 何足奇　著	通过鲜誉案例解读阐述水产行业如何进行互联网转型	新农资如何弯道超车 刘祖轲　著	从农业产业化、互联网转型、行业营销与经营突破四个方面阐述农资企业转型
新零售　新终端 迪智成　著	将新零售系统打法做梳理并落地在新终端建设上		
医药医疗			
一、药店			
新医改了，药店就要这样开 尚锋　著	从药店定位的思考、内部和会员管理等方面探讨中小型药店发展方向	电商来了，实体药店如何突围 尚锋　著	新时代药店经营的三驾马车：药学专业服务、会员贴心服务和精准定向促销
引爆药店成交率1：店员导购实战 范月明　著	药店人的零售工作，怎样接待顾客，完善销售技巧	引爆药店成交率2：药店经营实战 范月明　著	从药店经营角度建立改善门店现状的实用标准
引爆药店成交率：专业化销售解决方案 范月明　著	从简单的拿药服务到提供多角度的专业解决方案	连锁药店新风口：资本　智能　大数据 动脉网　著	对我国连锁药店的市场环境、行业现状等进行分析，给出对连锁药店未来发展趋势的预判
药店导购关联销售技巧与成交话术 范月明　著	以药店情景案例导入，介绍常见疾病的导购销售话术与顾客心理分析，进而提供关联销售解决方案		

续表

二、药品销售			
书名	内容	书名	内容
医药第三终端：从控销到动销　诊所　基层医疗 王祥君　张芳文　著	用大量案例来梳理药企落地动销的策略、方法和技战术	医药营销：诊所开发维护与动销 张江民　著	从六个方面系统阐述基层诊所市场营销攻略
处方药合规推广实战宝典 赵佳震　著	对处方药推广体系搭建、推广人员岗位内容等六个方面进行阐述	医药代理商经营全指导 戴文杰　著	从产品选择、价格体系设计、路径管理等维度描述代理商产品操作的基本策略
处方药零售这样做 田军　著	处方药零售的重要性及做市场的具体措施和方法	OTC 医药代表药店开发与维护 鄢圣安　著	一位从初级 OTC 医药销售代表成长起来的销售经理的经验分享
OTC 医药代表药店销售 36 计 鄢圣安　著	以《三十六计》为线，阐述 OTC 医药代表向药店销售的技巧与策略	做医生信赖的医药代表 邹晓徽　宁剑锋 朱文虎　著	医药代表如何在合规要求下做好药品推广工作的操作工具书
三、药企转型			
药企战略·运营与医药产业重构 杜臣　著	医药产业的深度认知与发展趋势结合，战略思考与经营操作相统一	医药行业大洗牌与药企创新 林延君　沈斌　著	围绕创新介绍医药行业，介绍近百家医药企业创新实践案例
医药新营销 史立臣　著	从药企最关心的八个方面阐述制药企业、医药商业企业营销模式转型	医药企业转型升级战略 史立臣　著	从商业模式转型、管理转型、定位转型、运营模式转型和跨界转型五方面阐述转型
新医改下的医药营销与团队管理 史立臣　著	立足新医改相关政策的解读，为中小医药企业出谋划策	在中国，医药营销这样做 段继东　著	时代方略在医药营销领域思想、方法文章的精选合集
四、新医疗			
成为医疗器械领军者 王强　著	中小医疗器械生产企业和代理商怎样转型	新型诊所经营与创新 动脉网　著	对新型诊所从标准化管理、经营方式、团队建设、连锁模式四个方面进行解读
医美新风口：颜值经济下的亿万市场 动脉网　著	详细介绍中国医疗美容行业的发展趋势、现状及医美产业链等	互联网医院：正在发生的医疗新变革 动脉网　著	介绍互联网医院的建设与运营、管理，发展模式和市场布局，以及发展规律
快消品			
一、快消案例			
中国快消品营销这些年 史贤龙　著	一本书浓缩快消品营销 15 年的实战历程与前沿思考	这样打造大单品 迪智成　著	通过 13 个大案例帮助企业梳理打造大单品的路径
你不知道的加多宝 曲宗恺　牛玮娜　著	以时间为轴线，详细叙述了加多宝品牌的发展历程	娃哈哈区域标杆 罗宏文　快车君　赵晓萌 寇尚伟　著	娃哈哈豫北市场如何成为娃哈哈全国第一大市场、全国增量第一的市场
六个核桃凭什么从 0 过 100 亿 张学军　著	全视角深度解读养元企业的裂变成长，复盘十年蜕变轨迹	像六个核桃一样 王超　著	六个核桃为什么卖得这么好，产品畅销的 6 大要义 36 条简明法则

续表

书名	内容	书名	内容
5小时读懂快消品营销 陈海超　著	20年快消品市场风云洞察解码，丰富的案例解析		
二、快消品区域经理			
快消品营销团队管理 刘雷　伯建新　著	快消品团队管理相关的20余个工具+20余个案例	**这样打造快消品区域标杆** 罗宏文　牛玉龙　著	分两篇解决如何成功打造标杆市场和进行持续增量管理两大问题
成为优秀的快消品区域经理（升级版） 伯建新　著	作为区域经理的“速成催化器”，升级版增加11篇内容	**快消老手都在这样做：区域经理操盘锦囊** 方刚　著	一线成长起来的资深快消品营销人“压箱底”绝活
快消品营销人的第一本书 刘雷　伯建新　著	针对一线厂家业务员工作中常遇到的问题给予建议	**销售轨迹：一位快消品营销总监的拼搏之路** 秦国伟　著	一个普通营销人的故事，16年背井离乡的职场拼搏之路
快消品营销：一位销售经理的工作心得2 蒋军　著	从市场操作、团队管理、传播推广、营销的具体策略和战略等方面提供方法	**快消品区域/城市经理全渠道管理** 许翔　著	一位在日化巨头一线打拼多年的城市经理操作经验分享
三、快消品动销			
动销：产品是如何畅销起来的 余晓雷　著	从怎么被消费者买走和竞争对手是谁这两个原点解决动销问题	**动销操盘：节奏掌控与社群时代新战法** 朱志明　著	用七个章节阐述关于动销操盘的要诀，节点、节奏、主次、条件匹配性等问题
动销四维：全程辅导与新品上市 高继中　著	从产品、渠道、促销和新品上市四个方面详细讲解提高动销的具体方法	**快消品经销商这样做才赚钱** 张宇　著	从全新的角度，解读经销商的经营困境，并提供可实操的解决方法
快消新产品成功上市 伯建新　著	新产品是什么？新产品该如何去做？新产品要如何销起来，长销而不是昙花一现？本书给你答案		
四、快消品渠道			
深度分销 施炜　著	渠道价值链、模式选择、渠道策略与管理、零售经销商管理、最佳实践、团队建设	**通路精耕操作全解** 周俊　陈小龙　著	对康师傅的制胜法宝通路精耕进行系统的介绍与说明，图表和完善入微的操作方法
酒水饮料快消品餐饮渠道营销手册 朱伟杰　著	对餐饮渠道深入挖掘，建立适合餐饮渠道发展的服务模式和组织保障措施	**快消品经销商如何快速做大** 杨永华　著	经销商如何通过经营实现规模，通过管理实现规模效益
快消品营销与渠道管理 谭长春　著	解决日常涉及的渠道管理、市场、产品等营销事务	**快消品招商的第一本书** 刘雷　著	从招商理论到招商动作进行系列化分解，化繁为简
采纳方法：化解渠道冲突 朱玉童　著	21个最新的渠道冲突案例立体地介绍渠道冲突的现象和方法	**快消品促销管理与方案：规划 技能 工具** 张荣举　著	涵盖促销规划、打法、具体落地执行的细节和终端人员技能及训练，结合线上线下运作，提供全套方法
五、快消品企业战略			
重构：升级你的竞争优势 杨永华　著	用7大思维，帮你的企业提升档位	**变局下的快消品实战策略** 杨永华　著	从5个角度针对快消品企业如何应对行业变局给出答案
新营销 刘春雄　著	让品牌商和渠道商掌握获得独立流量的能力，能够与平台商博弈	**采纳方法：破解本土营销8大难题** 朱玉童　著	破解困扰营销人的八大难题，给出解决方法
白酒营销培训宝典：复制高业绩 刘孝鞅　著	总结白酒营销人员系统运作市场的要点，转化为易学可复制的动作和工具表单	**酒水饮料快消品餐饮渠道营销手册** 朱伟杰　著	对餐饮渠道深入挖掘，建立适合餐饮渠道发展的服务模式和组织保障措施

续表

白酒			
书名	内容	书名	内容
白酒营销的第一本书 唐江华　著	多角度阐释白酒一线市场操作的最新模式和方法	白酒经销商的第一本书 唐江华　著	对经销商如何选择厂家、合作、运营品牌等问题给出建议
白酒到底如何卖 赵海永　著	多角度阐释白酒一线市场操作的最新模式和方法	白酒到底如何卖2：从市场培育到动销 赵海永　著	系统化、标准化、模式化的促成动销的实战操作方式和方法
变局下的白酒企业重构 杨永华　著	白酒企业重构期的营销战略与实操策略6大方法	酒业转型大时代 微酒　著	酒水营销、新闻资讯及行业分析、预测的知识宝典
区域型白酒企业营销必胜法则 朱志明　著	以36条法则从战略、营销、推广、产品线、品牌、市场、战术等方面提供方法	10步成功运作白酒区域市场 朱志明　著	从市场攻守、产品攻略、新品上市、占领渠道、促销等十个层面阐述
白酒营销1：中小酒企操盘与崛起 徐伟　徐涛　著	深入分析品牌与行业、操作方法，提供营销实操宝典	白酒营销2：品类创新策略升级 黑格咨询　著	立足行业现状，建立品类创新、营销模式创新路径，提供市场建设方法、营销策略与工具案例
茶·调味品·油·乳业			
营销中国茶：2小时读懂茶叶营销 史贤龙　著	中国茶营销的“困局”“破局”和“创举”	中国茶叶营销第一书 柏龑　著	纵览中国茶叶市场的全局，并且有针对性地提出问题并阐述解决方法
调味品营销第一书 陈小龙　著	15年监控中国市场50个中外著名调味品品牌市场运作、管理等的经验总结	调味品企业八大必胜法则 张戟　著	提炼了调味品企业八大规律性的关键成功要素
食用油营销的第一本书 余盛　著	从小包装油行业概述到产品的基本知识，从基本执行动作到品牌整体策划等	鲁花：一粒花生撬动的粮油帝国 余盛　著	鲁花如何成长为优秀的带动农业产业发展的品牌
金龙鱼背后的粮油帝国 余盛　著	以金龙鱼为脉的一部中国粮油行业的史诗	乳业营销的第一本书 侯军伟　著	区域型乳品企业如何才能稳健发展
调味品经销商公司化运营 张戟　著	调味品和快消品经销商如何从“个体户”到“公司化”，一步步推进的具体方法		
工业品			
一、工业品销售			
大客户销售这样说这样做 陆和平　著	大客户销售活动的十大模块，68个典型销售场景	销售是个专业活 陆和平　著	据客户采购流程拆分销售过程十阶段、讲解方法技巧
成为资深的销售经理：B2B工业品 陆和平　著	让销售经理成功把握销售管理6个关键点，并提供工具	一切为了订单：订单驱动下的工业品营销实践 唐道明　著	以订单流程的三个环节为主线讲述工业品营销管理新思路
订单是这样拿到的 郑文洲　著	作者近10年销售生涯的回顾，真实销售故事和成功经验分享		
二、工业品营销			
工业品营销管理实务（第4版） 李洪道　著	是信任导向工业品营销体系的深化版、工业品营销管理体系优化咨询的升级版	工业品企业如何做品牌 张东利　著	为当下中国制造的品牌化转型提供经过实践证明的理念、方法和体系

续表

书名	内容	书名	内容
工业品市场部实战全指导 杜忠　著	解决职能不清、市场部五大职能如何运作、职业发展路径等具体问题	**解决方案营销实战案例** 刘祖轲　著	十大工业品作者实操案例解码解决方案营销
资深大客户经理：策略准　执行狠 叶敦明　著	将大客户经理必须具备的规划、策略、执行三种能力运用自如	**渠道管理就这样做** 陆和平　著	渠道规划和设计、渠道成员选择和寻找、渠道谈判和签约、管理渠道日常活动、设计渠道激励政策、解决渠道冲突、渠道的评估和调整
三、工业品企业			
变局下的工业品企业7大机遇 叶敦明　著	探索工业品企业成长的新机会，7大战略与战术性机会	**两化融合管理体系贯标流程与方法** 戴勇　著	融合五十多家企业在两化融合贯标过程的经验，总结重点与举措
丁兴良讲工业4.0 丁兴良　著	多角度阐述中国在工业4.0的机遇和挑战		
建材家居			
一、建材家居门店			
家居建材促销与引流 薛亮　李永锋　著	对泛家居营销执行模式和工具、关键环节等进行汇总	**新零售动作分解与实操：建材·家居·家具** 盛斌子　著	对泛家居行业趋势、店面管理、团队管理、促销推广、五感营销等提供策略
家具行业操盘手 王献永　著	总结家具终端门店发展的现状及问题并给出策略	**手把手教你做专业督导** 熊亚柱　著	系统梳理督导的核心技能、岗位职责、工作流程及技能
手把手帮建材家居导购业绩倍增 熊亚柱　著	针对建材家居门店的业务人员、案例故事还原场景，教你成为好导购	**10步成为最棒的建材家居门店店长** 徐伟泽　著	梳理店长管理的核心工作职责、店面管理规范和帮助销售人员成长
建材家居门店销量提升 贾同领　著	9个板块讲述建材一个单店如何做到经营的良性循环	**建材家居门店6力爆破** 贾同领　著	产品力、导购力、形象力、推广力、服务力、组织力
二、建材家居经销商			
新经销：新零售时代教你做大商 黄润霖　著	探访近100位经销商在传统营销手法上的创新，传统营销微创新和新营销本地化	**建材家居经销商42章经** 王庆云　著	经营管理的心法和战法，帮助经销商成为“业务妙手”和“管理能手”
成为最赚钱的家具建材经销商 李治江　著	针对建材家居行业的经销商，从销售模式、产品、门店、市场等方面给出方法		
三、建材家居企业			
定制家居黄金十年 韩锋　翁长华　著	对中国定制家居行业20年发展历程进行深度、系统、专业的解读	**建材家居营销：除了促销还能做什么** 孙嘉晖　著	探索家居建材行业营销的革命，发现行业“营销天花板”的突破口
建材家居营销实务：新环境、新战法 程绍珊　杨鸿贵　著	针对建材家居市场特点提出以客户价值为基础的整体营销价值链	**全屋整装　高利润运营手册** 翁长华　陈平　著	十大维度解决实际问题，是0到1极具操作性的整装指南
零售·餐饮·服装·影院·美容院			
新零售进化路径 李政权　著	预先复盘新零售及商业的未来，找到方向	**新零售　新终端** 迪智成　著	梳理新零售系统打法并落地在新终端建设上

续表

书名	内容	书名	内容
移动互联下的超市升级 联商网 著	超市未来的发展趋势，对社区超市、生鲜、全渠道建设、O2O 等提出观点	百货零售全渠道营销策略 陈继展 著	零售行业的竞争重点、行业本质、战略转型、未来趋势、经验和案例
超市卖场定价策略与品类管理 IBMG 集团 著	零售企业的市场拓展与商品定位、商品结构与商品陈列、毛利分析与库存分析	连锁零售企业招聘与培训破解之道 IBMG 集团 著	围绕零售企业组织架构、培训体系建设等内容进行探讨
总部有多强大，门店就能走多元 IBMG 集团 著	五大方向综合阐述连锁零售企业总部如何提升管理能力	三四线城市超市如何快速成长：解密甘雨亭 IBMG 集团 著	甘雨亭的许多关键经营指标均高于行业标准，学习其成功的方法
中国首家未来超市：解密安徽乐城 IBMG 集团 著	对乐城超市的掌门人及内部员工的采访详细阐释了乐城的经验	零售：把客流变成购买力 丁昀 著	通过大量的实际案例对中国零售业态的升级转型之路提出思考
餐饮新营销 杨勇 程绍珊 著	聚焦餐饮企业转型，系统的餐饮企业营销管理体系	电影院的下一个黄金十年 李保煜 著	介绍了中国电影产业的运作模式及电影院的开发、设计思路
餐饮企业经营策略第一书 吴坚 著	阐述餐饮企业产品之道、市场之道、顾客之道及盈利之道	赚不赚钱靠店长，从懂管理到会经营 孙彩军 著	注重专卖店的经营思路拓展，门店管理细节方面能力提升
时装买手自学通 范敏娜 编著	从流行趋势调研、商品企划、采购渠道、数据管理到店铺销售等时装买手需要具备的能力与操盘技巧	美容院/养生馆高盈利经营模式 陈鹏飞 著	5 步实现店铺高盈利方法与策略
零售巨头数字化转型操盘笔记 江楠 著	一线操盘运营经理分享传统零售巨头的新零售到家业务全盘操作细节		
农牧业			
一、农资			
饲料营销有方法 陈石平 著	饲料营销的 7 大核心命题	农资营销实战全指导 张博 著	在农资市场行之有效的营销策略和工具
新农资如何弯道超车 刘祖轲 著	农业产业化、互联网转型、行业营销与经营突破		
二、农牧企业			
中国牧场管理实战 黄剑黎 著	对牧场管理标准、管理制度、操作规程做出剖析和指引	中小农业企业品牌战法 韩旭 著	农业企业需要全产业链视野，更需要品牌实战方法
变局下的农牧企业 9 大成长策略 彭志雄 著	为农牧企业量身打造了 9 个立足现在、展望未来的成长策略	农产品营销实战第一书 胡浪球 著	针对 33 个农产品营销的核心问题提供具体招数
农产品全网营销 吴之 著	帮助全国农业合作社、家庭农场打造农产品品牌		
地产·汽车			
一、地产			
中国城市群房地产投资策略 吕俊博 刘宏 著	挖掘主要城市群的现状特征、发展因子、演化趋势、竞争关系等，给出分析建议	产业园区/产业地产：规划、招商、实战运营 阎立忠 著	从认知、规划、招商、运营四方面系统解读产业园区的建设精要和运营技巧
人文商业地产策划 戴欣明 著	“全球化视野（创意）”+“人文+”思维	产业园区/产业地产 2：系统化经营与操盘攻略 阎立忠 著	全方位系统解析产业园区运营策略

续表

书名	内容	书名	内容
从零开始打造产业园区 刘晓君　著	全流程，系统化，注重细节，多角度教你打造产业园区		
二、汽车			
书名	内容	书名	内容
商用车经销商运营实战 杜建君　著	对商用车经销商的经营与管理、4S店运营做了全方面的系统总结	汽车配件这样卖 俞士耀　著	适合轮胎、机油、维修、快保、美容、洗车等汽车服务业态销售实操办法
润滑油销售：这样说，这样做更有效 张金荣　著	总结润滑油销售面对三大客户常遇到的200余个营销问题解决方法	润滑油品牌营销 张金荣　著	没有说教，只有方法，适合小微企业、代工品牌、经销商、营销人阅读
投资理财·收购资本			
交易心理分析 马克·道格拉斯 【美】　著	一语道破赢家的思考方式，并提供了具体的训练方法	财报背后的投资机会 蒋豹　著	零基础轻松掌握财务报表的相关知识，快速入门
写给企业家的公司与家庭财务规划 周荣辉　著	以企业的发展周期为主线，介绍各阶段企业与企业主家庭的财务规划	分股合心 段磊　周剑　著	围绕股权激励，详细介绍相关知识和实行方法
成功并购300问 浩德并购军师联盟　著	系统学习资本运作和企业并购知识的金融工具书	并购名著阅读指南 叶兴平　著	从全球5000多本并购图书中精选200本并进行评价
避开股权合伙这些坑 苏雯静　著	根据创始合伙人、外部合伙人、内部合伙人等方面的实际案例做归纳和梳理	产业并购操盘手 张军杰　著	15个案例，11个范本，38个图表，拿来即用
科创板IPO上市全流程指导 丁先云　刘海旭　著	不仅有各项制度的深入剖析，更有各种问题和解决方案的详细论述，配合案例，轻松操作	市值战略：上市公司市值管理有方法 和恒咨询　著	正确理解，系统规划、全面执行市值战略。从“势道法术力”五个维度思考和设计市值战略
阿米巴			
阿米巴经营的中国模式 李志华　著	基于阿米巴经典理念提出了适合中国本土的员工自主经营的“1532”模型	集团化企业阿米巴实战案例 初勇钢　著	作者在某酒厂推行阿米巴经营模式的心得
中国式阿米巴落地实践之激活组织 胡八一　著	划分原则、裂变与整合、组织管控、重新定位、巴长竞聘和组阁	中国式阿米巴落地实践之从交付到交易 胡八一　著	从6个方面阐述经营会计，从交付到交易是成功实施阿米巴的标志
中国式阿米巴落地实践之持续盈利 胡八一　著	企业做成平台、平台做成阿米巴、阿米巴做成合伙制		
人力资源管理			
一、绩效·薪酬			
回归本源看绩效 孙波　著	从目的和概念帮助企业梳理绩效管理与经营的关系	走出薪酬管理误区 全怀周　著	从7个常见的薪酬误区入手为企业提供一套系统解决方法
曹子祥教你做绩效管理 曹子祥　著	作者核心授课课程的还原，掌握绩效管理的核心内容	曹子祥教你做激励性薪酬设计 曹子祥　著	作者28年咨询经验总结，如何进行科学的薪酬体系设计
把招聘做到极致 远鸣　著	资深招聘经理多年工作心得的提炼	把招聘做到极致2：灰度招聘全攻略 黄渊明　李佳倩　著	从实战需求出发，兼容并包各种优秀的招聘理论、方法、经验与工具，并进行创新性的应用

续表

书名	内容	书名	内容
二、招聘·面试·培训			
书名	**内容**	**书名**	**内容**
把面试做到极致 孟广桥　著	一套实用的确定岗位招聘标准，提升面试官技能方法	**世界500强资深培训经理人教你做培训管理** 陈锐　著	构建培训体系、培训组织、培训文化、开发培训资源，教你做培训管理
把猎头做到极致 李佳倩　黄渊明　著	帮助猎头顾问从平庸走向优秀	**招聘面试：用提问得到真相** 陈硕　著	十二年资深HR招聘面试经验分享，教你学会如何提问
人才评价中心漫画版 邢雷　著	用漫画形式写成的人才测评专业书籍	**上市公司培训体系搭建** 初忠宝　著	上市公司培训经理分享体系搭建的框架和案例
三、HR高管·劳动法			
经营型HRD 黄渊明　著	总结企业HRD如何支撑企业经营，抓好七件关键事情	**人才供应链：实现高绩效均衡的人才管理模式** 许锋　著	打造人才供应链的四大支柱、十项修炼的完整体系
新任HR高管如何从0到1 新海　著	到互联网创业型企业担任HRVP，从0到1建立较完善的HR体系	**人力资源体系与e－HR信息化建设** 刘书生　陈莹　王美佳　著	6大框架、28个关注点、5大目标、6大优势、166个交付物咨询体系和盘托出
集团化人力资源管理实践 李小勇　著	针对集团型企业人力资源管理的问题提出科学建议	**我的人力资源管理笔记** 张伟　著	第三方咨询视角跳出“技术方法”看人力资源管理
人力资源的5分钟劳动法 李皓楠　著	入职管理、在职管理、离职管理中遇到的劳动法问题及应对	**海外人力资源管理：帮企业成功“走出去”** 黄渊明　著	弥补了中国企业海外人力资源管理实践体系建设的空白，具有开创性意义
从零开始学：胜任力模型建模与应用 林丽萍　著	手把手教你做胜任力建模，并通过大量的企业案例拆解介绍模型在各个方面的落地应用	**上市公司总经理助理工作笔记** 黄娜　著	40个案例，教你从小白助理到资深总助
用好任职资格体系 杨序国　著	以某企业为案例，系统地介绍了企业HR如何通过任职资格体系帮助员工成长	**胜任力模型咨询笔记** 韩文卿　著	吸取和总结了世界500强企业的胜任力模型搭建体系和方法
四、HRBP			
HRBP是这样炼成的之菜鸟起飞 黄渊明　著	作者在初步转型HRBP两年时间里摸索实践的亲身经历与总结	**HRBP是这样炼成的之中级修炼** 黄渊明　著	结合作者亲身从事HRBP的工作经历，总结HRBP的作战故事
HRBP高级修炼 黄渊明　著	故事方式，HRD角度深度呈现运用HRBP的思维、方法		
企业文化			
企业文化落地本土实践 王祥伍　著	华夏基石“知信行”模型描绘企业文化落地路线图	**企业文化的逻辑** 王祥伍　著	从文化起源深刻剖析文化、效率、企业、企业文化联系
企业文化定位·落地一本通 王明胤　著	企业文化理念传播和落地聚焦的17种方法，解读了近100个实战案例	**36个拿来就用的企业文化建设工具** 海融心胜　著	汇集整理了36个通用的企业文化实践工具
企业文化激活沟通 宋杼宸　安琪　著	系统阐述沟通与企业文化的关系，给予企业提升沟通效能的企业文化解决方案	**企业文化建设超级漫画版** 邢雷　著	用漫画形式写成的企业文化建设专业书籍，理论体系和29个具体的操作方法
在组织中绽放自我 朱仁建　著	个人与组织之间的关系，文化对组织化形成的影响	**用企业文化提升经营绩效** 彭剑锋　尚艳玲　主编	企业要想在竞争中利于不败之地，就不能没有能打胜仗的企业文化与领导力
流程管理			
营销·研发·供应链业务架构与流程管理 谭勋晖　著	营销、研发、供应链三大业务流程变革实践经验总结	**打造集成供应链** 王春强　著	第一用力在“集成”上，梳理内外部相关模块及其依赖关系
人人都要懂流程 金国华　余雅丽　著	50幅流程管理漫画，内部对流程价值理念的高度共识	**用流程解放管理者** 张国祥　著	8个板块构成，共66篇文章，14幅流程管理图
用流程解放管理者2 张国祥　著	对中小企业规范化流程管理进行系统的阐述	**跟我们学建流程体系** 陈立云　罗均丽　著	在《跟我们做流程管理》的基础上丰富了标杆实践案例

续表

质量管理			
书名	内容	书名	内容
16949质量管理体系落地与全套文件汇编 谭洪华　著	对IATF16949每个条款讲解采用理解、作用、落地、模板、成功案例模块解析	**ISO9001：2015制造业文件模板全集** 贺红喜　著	五篇内容组成的完整的质量管理体系工具文件
精益质量管理实战工具 贺小林　著	四个方面对精益质量管理进行了全方位介绍和解读，并提供大量的方法工具	**五大质量工具详解及运用案例** 谭洪华　著	APQP、FMEA、MSA、SPC、PPAP五大质量工具的具体运用
IATF16949质量管理体系详解与案例文件汇编 谭洪华　著	针对IATF16949的标准原文做详细解说，同时提供大量的表单案例	**SA8000：2014社会责任体系认证实战** 吕林　著	将SA8000多版本及10多年的体系实战经验汇编成书
ISO9001：2015新版质量管理体系解读与案例文件汇编 谭洪华　著	对ISO9001：2015新版标准理解和运用操作进行详细解读	**ISO14001：2015新版环境管理体系解读与案例文件汇编** 谭洪华　著	ISO14001：2015改版后的差别和操作运用进行详细讲解
我在世界500强做供应商质量管理 宋华　著	分享汽车行业成熟的供应商质量管理体系和方法，都是作者的亲身经历	**ISO45001职业健康安全管理体系落地+全套案例文件** 谭洪华　著	每个条款清晰讲解，内容完全落地，轻松运用
五大质量工具之FMEA（2019第五版）详解及运用落地 谭洪华　著	对2019年6月修订的第五版FMEA标准进行详解，提供落地操作方法和全部案例文件，可直接套用		
精益生产			
一、精益·JIT·IE			
精益思维：超越对手的力量 刘承元　著	以尊重人性的精益思想为切入点，分别从管理者的精益理念、精益思维、精益实践、精益中国制造等方面进行独到的分析	**比日本工厂更高效** 刘承元　著	管理提升无极限+超强经营力+精益改善里的成功实践
计划与物流精益改善之道 于晓光　著	围绕“计划与物流战略咨询的方法论”进行解析，提供方法论和案例	**300张现场图看懂精益5S** 乐涛　著	通过日本丰田、上市企业案例，用300张现场图系统讲解5S管理
3A顾问精益实践1：IE与效率提升 党新民　苏迎斌 蓝旭日　著	系统、全面地介绍IE工厂管理技术，提高效率创造价值	**3A顾问精益实践2：JIT与精益改善** 肖智军　党新民　著	系统、全面地介绍JIT生产方式，并加入实践案例
高员工流失率下的精益生产 余伟辉　著	从三方面论述推行精益管理时如何应对员工流失	**让员工爱上6S管理** 肖智军　著	提供了众多企业的原版资料、案例，还汇集了一些企业骨干的推行感想、感悟及反思
200张图表学精益管理：IE工厂效率提升方法 刘秀堂　著	IE工程师视角，全是一线经验。精益落地的实操方法，大量图表工具让你上手就能做		
二、生产管理			
化工企业工艺安全管理实操 黄娜　著	围绕化工工艺安全14要素来展开分析	**手把手教你做专业生产经理** 黄娜　著	生产经理如何在信息流、物流、资金流三大流中开展工作

续表

书名	内容	书名	内容
欧博心法：好工厂　靠管理 曾伟　著	从管人篇和管事篇帮助读者解决人难管、事难控	**欧博工厂案例1：生产计划管控对话录** 曾伟　曾子豪　著	工厂管理生产计划管控模块的8个全景细节大案例
欧博工厂案例2：品质技术改善对话录 曾伟　曾子豪　著	工厂管理品质、技术、效率管理模块的10个全景细节大案例	**欧博工厂案例3：员工执行力提升对话录** 曾伟　曾子豪　著	工厂管理人员管控模块的5个全景细节大案例
工厂管理实战工具 曾伟　著	中国传统文化指导下的工厂管理工具	**制造业成本倍减42法** 王天江　著	42种经过实际验证有效的成本降低方法，用61个真实案例说明
制造企业上10亿其实并不难 杨小林　著	年产值1亿~10亿元中小制造企业在工厂经营和管理上的业务指导		
三、班组长			
全能型班组：城市能源互联网与电力班组升级 国网天津电力公司　著	从互联网时期的班组转型升级出发，对新型班组组织模式和运行机制进行设想	**国网天津电力全能型班组建设实务** 国网天津电力公司　著	聚焦天津电力公司在探索全能型班组转型升级时的优秀实践
咨询·培训师			
培训师事业长青之道 廖信琳　著	培训师自我管理的“洋葱模型”、十项内容与五个层级	**管理咨询师的第一本书** 熊亚柱　著	深度剖析初级入行咨询师在工作中遇到的问题
资深管理咨询顾问工作心得 张国祥　著	使用手册讲述咨询师如何操作项目、老板如何选择咨询师、企业如何自主落地	**手把手教你做顶尖企业内训师** 熊亚柱　著	从开、控、收、编、制、用的角度去履行培训师的职责
TTT培训师精进三部曲上 廖信林　著	手把手教你“深度改善现场培训效果”的一招一式	**TTT培训师精进三部曲中** 廖信林　著	建构一整套培训课程设计与开发的认知架构和方法体系
TTT培训师精进三部曲下 廖信林　著	通过“沉淀职业功力的六度模型”，帮助培训师在职业技能上持续精进		
产品·研发			
研发体系改进之道 靖爽　陈年根 马鸣明　著	取材数十家企业研发改进的咨询实践，提炼一套实操的改进步骤与工具	**新产品开发管理，就用IPD（升级版）** 郭富才　著	把产品经营的思想凝结在新产品开发管理机制中，升级版更丰富
产品开发管理：方法·流程·工具 任彭枞　著	结合超过300家企业的实际研发管理方法，总结问题和方法，大量表格	**资深项目经理这样做新产品开发管理** 秦海林　著	采用过程管理方法，对新产品开发的四大过程进行分析，主要针对小电器产品
产品炼金术Ⅰ：如何打造畅销产品 史贤龙　著	打造畅销产品的四个方法	**产品炼金术Ⅱ：如何用产品驱动企业成长** 史贤龙　著	从经营者视角重新认识产品，快速诊断产品现状
快消品产品开发方法：打造快消爆品 张荣举　著	提供整套实战性的思维、方法、技能和工具，直接带有表格及公式，一看就能上手		